Rudolf Steiner

Was kommt nach dem Tod?

Zu mehr Vertrauen in das Leben

Ein öffentlicher Vortrag,
gehalten in München am 31. März 1914

Rudolf Steiner Ausgaben
im Archiati Verlag

Der Wortlaut der im Archiati Verlag gedruckten Vorträge von Rudolf Steiner geht auf die ursprünglichen Klartextnachschriften und Erstdrucke zurück, unter Berücksichtigung der danach erfolgten Veröffentlichungen.

1. Auflage 2012

Herausgeber: Archiati Verlag e. K. (Monika Grimm), Bad Liebenzell

Redaktion: Pietro Archiati, Bad Liebenzell

Korrektorat: Dr. Gerhard Hüttig, Schwanewede

Druck: GGP Media GmbH, Pößneck

ISBN: 978-3-86772-307-7

Archiati Verlag
Burghaldenweg 37 · D-75378 Bad Liebenzell
Telefon: (07052) 935284 · Telefax: (07052) 934809
anfrage@archiati-verlag.de · www.archiati-verlag.de

Inhalt

- Geisteswissenschaftliches Erkennen wird durch Weiterentwicklung von Seelenkräften körperfrei erlangt – durch eine Stimmung der Erwartung, in der sich der Mensch begnadet fühlt *S. 5*
- Für wenige Tage nach dem Tod lebt der Mensch in den Erinnerungsbildern seines Lebens. Danach erlebt er all das, was er im Leben nicht zum Bewusstsein gebracht hat *S. 9*
- Die Seele wechselt nach dem Tod zwischen einem Leben in der Welt und einem Leben in sich selbst. Zuletzt fühlt sie die Sehnsucht nach einem neuen Leben, um das vergangene auszugleichen *S. 13*
- Die Geisteswissenschaft gibt auch Antworten auf Einzelfragen, zum Beispiel nach dem Sinn eines frühen Todes oder einer vorzeitigen Neugeburt *S. 19*
- So wie die kopernikanische Weltanschauung wird sich die Wahrheit der Wiederverkörperung ihren Weg in die Kulturwelt bahnen *S. 21*

Fragenbeantwortung *S. 26*

Faksimilierte Klartextnachschriften

- Handschrift J. Haase (vollständig) *S. 35*
- Klartextnachschrift der Fragenbeantwortung (erste Seite) *S. 66*
- Maschinengeschriebene Nachschrift (5 Seiten) *S. 67*

Textvergleiche *S. 72*

Zu dieser Ausgabe *S. 77*
Die Vorträge von Rudolf Steiner *S. 78*
Fachausdrücke der Geisteswissenschaft *S. 79*
Über Rudolf Steiner *S. 80*

Was kommt nach dem Tod?

München, 31. März 1914

Meine sehr verehrten Anwesenden!

Seit einer Reihe von Jahren habe ich in diesem Saal in aufbauender Weise über elementare Dinge der Geisteswissenschaft gesprochen, und nur aus diesem Grund gestatte ich mir heute Abend diesen Vortrag zu halten. Ich muss allerdings darauf aufmerksam machen, dass diejenigen, die wenig oder gar nichts von den früheren Vorträgen gehört haben, leicht zu dem Urteil kommen werden, alles Gesagte stehe mehr oder weniger in der Luft.

Früher schon habe ich in verschiedenen Richtungen die Begründung dessen vorgebracht, was zu solchen Erkenntnissen führt. Ich habe gezeigt, dass es für die menschliche Erkenntnis möglich ist, zu den Quellen vorzudringen, aus denen auch der heutige Vortrag geschöpft ist, sodass ich nicht immer wieder dasselbe zur Stütze vorzubringen brauche, um aus den angestellten Forschungen der Geisteswissenschaft einiges über das heutige Thema mitzuteilen, das jeder menschlichen Seele naheliegt.

Die Beweise dafür liegen in anderen Vorträgen, doch will ich einleitend Verschiedenes vortragen, das den Übergang für den bilden kann, der sich noch wenig mit den Gegenständen der Geisteswissenschaft beschäftigt hat. Dass diese ganz anders ist als die äußere Wissenschaft, obwohl sie als eine Fortsetzung der naturwissenschaftlichen Errungenschaften anzusehen ist, wurde schon öfter betont.

Die Geisteswissenschaft stützt sich nicht auf die Naturwissenschaft, sondern auf ein Erkennen, das mit einer Weiterentwicklung von Seelenkräften erreicht wird, die zunächst im Unterbewusstsein schlummern, aber durch Meditation und Konzentration heraufgeholt werden können, sodass die Seele dann imstande ist, einen Sinn damit zu verbinden: Ich erlebe mich als Seele außerhalb meines Leibes, ich fühle mich so, dass ich auf meinen Leib als auf etwas Fremdes hinblicke.

Es ist also eine Art geistiger Chemie, die durch Meditation und Konzentration am Menschen durch ihn selbst getrieben wird. Der Mensch kommt dann dazu, in sich die Entdeckung eines in ihm lebenden Wesens zu machen, das er auch außerhalb seines physischen Leibes als ein Werkzeug benutzen kann, wenn er die Wesen der geistigen Welt und nicht die der materiellen Welt um sich hat.

Dieser Augenblick ist bedeutungsvoll für den angehenden Geistesforscher, der so dahin gelangt, sich in der geistigen Welt zu erleben und zu wissen: Es kann dieser wichtige Vorgang am Tag oder mitten im Schlaf eintreten – aber nicht als Traum, sondern als ein geistiges Erlebnis.

Diese Loslösung der Seele zu einer geistigen Wirklichkeit wird typisch in folgender Weise empfunden. Es ist, als ob aus einem Schlaf auftauchend das tägliche Wachbewusstsein fühlt: Jetzt durchdringt dich etwas wie eine unwiderstehliche elementare Gewalt, wie wenn ein Blitz in das Haus schlägt – wenn die Loslösung der Seele vom Leib erfolgt und dieser als etwas Fremdes wahrgenommen wird.

So öffnet sich das Tor zu aller geistigen Forschung. Dann erst weiß man, was gemeint ist, wenn der Geistesforscher von einem höheren Erkennen spricht und wenn er sagt: Es beginnt damit, dass man an die Pforte des Todes kommt.

Der angehende Geistesforscher erlebt dies alles nur im Bild, aber in realen Imaginationen. Er erlebt den Tod drinstehend in der Welt, nicht so, als wenn der Leib als Leichnam der Erde übergeben wird, wenn die Seele wirklich durch die Pforte des Todes hindurchgegangen ist.

Ich möchte nun die Seelenstimmung schildern, die notwendig ist, um sich richtig zu den dabei auftretenden Tatsachen zu stellen. Denn anders als die gewöhnliche Stimmung des Wissenschaftlers und die des Alltagslebens ist die Stimmung des Geistesforschers.

Im Alltagsleben hat man beim Herantreten seiner Erlebnisse das Gefühl, dass man ein Urteil darüber fällen kann. Im Geistesleben lernt man fühlen, dass die Wahrheit etwas ist, was in höheren Höhen über einem schwebt, auf dessen Aufnahme man warten muss, wozu man seine Seele vorbereiten muss, um sie als eine Gnade zu empfangen.

Eine heilige Scheu vor dem Zusammengehen mit der Wahrheit bemächtigt sich der Seele. Diese möchte noch warten, um zur würdigen Aufnahme besser vorbereitet zu sein. Der Geistesforscher fühlt sich bereichert, wenn er im Begriff ist, die Sphäre zu erreichen, wo die Wahrheit an ihn herankommt.

Während der äußere Wissenschaftler das Bedürfnis in sich fühlt, recht viel von den materiellen Dingen zu erkennen, muss der Geistesforscher in die Seelenverfassung kommen, die ihn mit heiliger Scheu in den Zustand eintreten lässt, in dem er die Wahrheit empfängt.

Darauf sei nur mit trockenen Worten hingedeutet. Wenn damit eingesehen oder wenigstens geahnt wird, dass vieles über das Naturwissenschaftliche hinausgehend zu erkennen möglich ist, so ist gleichzeitig zu warten, um die Wahrheit an sich herankommen zu lassen. Das sei nur gesagt, um anzudeuten, welche Stimmung man sich für die Aufnahme des heutigen Vortrags wünschen möchte.

In erzählender Form will ich heute aus der Geistesforschung und ihren Quellen heraus über das Problem des Todes sprechen.

Ich nehme dabei gleichzeitig Bezug auf meine Schriften *Theosophie* und *Die Schwelle der geistigen Welt.* Die Schilderung in diesem Vortrag soll mehr so erfolgen, wie die Seele die Vorgänge erlebt, die sich aus eigenen Kräften in die geistige Welt versetzt hat. Es geschieht das also von einem etwas anderen Gesichtspunkt als in jenen Büchern.

Wenn der Mensch durch die Pforte des Todes tritt, wenn sich seine Seele von dem physischen Leib losgelöst hat, so tritt für ihn ein nur kurze Zeit dauerndes Ereignis ein, mit dem der Geistesforscher vertraut ist durch das Miterleben mit einem eben verstorbenen Menschen.

Die beim Leben im physischen Leib auftretenden Vorstellungen und Empfindungen, die im persönlichen Leben in Worten ihren Ausdruck finden, kommen nach dem Tod in anderer Art zum Bewusstsein als durch jene Worte, für die unsere irdische Sprache einen Ausdruck geprägt hat. Es ist daher nur einigermaßen möglich, sich diesen Tatsachen zu nähern, aber es soll so gut als möglich geschehen, wenn es auch ungelenk erscheint und im Sinne der gewöhnlichen Sprache ungewohnt ist.

Zuerst erlebt sich der Mensch nach dem Tod in seinen Gedanken, die anfangen, ein selbstständiges Leben zu führen, das für den

Geistesforscher etwas bereits Bekanntes ist, weil es ihm ähnlich entgegentritt, wenn er außerhalb des Leibes weilt. Die Gedanken sind dann selbstständige geistige Wesen, während sich der Mensch im Leib eins mit ihnen weiß.

Dem Verstorbenen werden die Gedanken, die er im physisch-irdischen Leben hatte, zur Außenwelt. Sie leben so weiter, dass sie ihm in einer Art Erinnerungstableau erscheinen, mit allen Erfahrungen seines vergangenen Lebens, die er aber damals nur teilweise überblicken konnte.

Dieses lebendige, aus Gedankenwesenheiten bestehende Erinnerungsbild tritt ihm vor die Seele als Rückschau auf das verflossene Erdenleben, in das alle Gedanken in voller Tätigkeit verwoben sind. Das dauert nur kurze Zeit, höchstens einige Tage. Diese Dauer ist bei den verschiedenen Menschen je nach der Entwicklung ihrer Individualität unterschiedlich.

Dem Geistesforscher ist beim Studium dieser Frage aufgefallen, dass ein Mensch ungefähr so lange nach seinem Tod bei diesem Rückblick verweilt, als er die Kraft hatte, sich im physischen Leben wachzuhalten, ohne dass die natürlichen Ermüdungskräfte ihn zum Schlaf zwingen.

Wenn diese Zeit zu Ende gegangen ist, sind die Erlebnisse des Erdendaseins in Gedanken umgesetzt, aus denen dann ein Extrakt dessen genommen wird, was der Mensch im letzten Erdenleben errungen hat. Dieses Errungene erscheint so, als ob es sich von dem Toten entfernen würde. Er hat die Überzeugung, dass es sich in weite geistige Fernen begeben hat.

Aber gerade dieses Gefühl ermöglicht das Aufleuchten eines neuen Bewusstseins nach dem Tod. Während des irdischen Lebens wird unser Gegenstandsbewusstsein dadurch entwickelt, dass wir uns an den Dingen der Außenwelt sozusagen stoßen, dass sie uns Widerstand bieten. Indem dieses Errungene, der Extrakt des letzten Erdenlebens, von einem fortgeht, beginnt ein neues Bewusstsein, es schließen sich Erlebnisse anderer Art an.

Durch eine neu in unser Bewusstsein eintretende Seelenkraft erleben wir den Zusammenhang mit unserem letzten Erdenleben, durch eine Seelenkraft, die nicht nur Gefühl oder nur Wille ist, sondern die man in ihrem Aufdämmern als ein fühlendes Wollen oder ein wollendes Fühlen bezeichnen kann – ein Wunsch, eine Begierde, in der die Seele drinsteckt. Diese Seelenkraft richtet sich auf das Erdenleben, sodass während einer ganzen Reihe von Jahren Folgendes durchzumachen ist.

Während des Lebens erleben wir mancherlei, aber es wird uns nicht alles zuteil. Es bleibt ein größerer Teil, den wir nicht haben erleben können. Dieser Teil lebt nachträglich in einer Art, die unsere Seele veranlasst, ihn mit mehr oder minder starkem Gefühl zu erleben in einem begierdevollen Zusammenhang mit dem letzten Erdenleben. Dieses Erleben erfolgt aber in einer rein geistigen Umgebung.

Die Seele reißt sich von jenem Leben allmählich los und lernt erkennen, dass zu all diesem Fühlen und Wollen das irdische Leben nötig ist. Auch durch viele Jahre in der geistigen Welt kann es nicht befriedigt werden. So nimmt der Tote in der geistigen Welt auf dem Umweg durch diese anfangs schmerzvollen Erinnerungen sein letztes Erdenleben nochmals wahr.

Nehmen wir an, der Tote hat am Ende seines Lebens einen lieben Freund zurückgelassen. Er steht in seinem Bewusstsein noch im Zusammenhang mit diesem Freund, indem er auf das verflossene Erdenleben zurückschaut und sieht, wie er mit dem Freund fühlte. So schließt sich für den Zurückgelassenen der Zusammenhang mit dem Toten, der schon in der geistigen Welt ist und einst während des Erdenlebens mit ihm zusammen war.

So lebt der Abgeschiedene mit den ihm bekannten Personen wie durch einen telepathischen Anschluss vereinigt weiter. Er lebt mit ihnen geistig, er ist nicht von ihnen getrennt, aber all dies kommt immer nur auf dem Umweg durch das eigene Erdenleben zustande. Die

Welt des Toten besteht aus Menschen, die mit ihm auf Erden gelebt haben in freundlichen oder feindlichen Beziehungen. Über einen solchen Kreis gehen die ersten Jahre nicht hinaus.

Abgesehen von den ersten Kindheitsjahren dauert ein solches Erleben Jahrzehnte, wobei es nicht gleichgültig ist, ob der Tote 25 oder 55 Jahre oder noch länger nach seiner Kindheit auf der Erde zugebracht hat. Während dieser Jahrzehnte besteht dieses Herausragen der Seelenkräfte aus dem letzten Erdenleben im fühlenden Wollen und wollenden Fühlen.

Dann fühlt der Tote ein allmähliches Heraufdämmern und Erwachen einer neuen Seelenkraft, die der Geistesforscher auch kennt, wenn er außerhalb seines Leibes ist.

Sie ist eine Art schöpferischer Willenstätigkeit. Er fühlt aus seiner Seele eine solche Kraft in die geistige Umgebung strömen, die man auch als geistige Leuchtkraft bezeichnen kann, die sich aus der Seele in die Umgebung ausbreitet. Die Seele kann dann schauen, was sich dort an geistigen Vorgängen abspielt.

In diesem geistigen Seelenlicht oder dieser geistigen Leuchtkraft ist die Seelenverfassung des Menschen eine Art Seligkeit im Erkennen der Wesenheiten und Vorgänge der geistigen Welt. Der Mensch ist imstande, aus sich herauszutreten und mit den Wesen der geistigen Welt in seinem eigenen Geisteslicht in Zusammenhang zu kommen (vgl. meine Schrift: *Die Schwelle der geistigen Welt*).

Es tritt aber auch ein Wechsel im Erleben ein. Die Seele fühlt, dass die von ihr ausstrahlende, schöpferische Leuchtkraft allmählich abdämmert, dass es nach und nach in ihrer Umgebung geistig dunkel wird, bis sich ihr Erleben eines seligen Fühlens in eine andere Art wandelt. Das wechselt mit dem weniger befriedigenden Gefühl der Einsamkeit in geistiger Dunkelheit, in der die Seele völlig allein mit sich ist, allein mit dem, was aus ihrem Inneren als ein Überdenken, als ein Nacherleben dessen herausquillt, was sie im vorangegangenen Ausstrahlen durchgemacht hat.

Ist der Tote in diesem Nachklingen bis zum völligen Durcharbeiten desselben mit sich allein geblieben, so werden diese Nachklänge wieder lebhafter, sie wandeln sich in das Wiedererfühlen der früheren schöpferischen Kraft, bis er sich bei einem erneuten Verstärken derselben, neu erwachend wieder mit den anderen geistigen Wesen in der geistigen Welt zusammenfindet.

Das sind Zustände, die sich mit dem alltäglichen Schlafen und Wachen vergleichen lassen, die aber ungleich länger dauern. Bei näherer Prüfung lernt der Geistesforscher die Notwendigkeit dieser Zustände erkennen, in denen sich die Kräfte des einen Zustands durch die des anderen verstärken.

Nach mehrfachem Wechsel dieser Perioden gelangt die Seele an die Mitte zwischen dem vorangegangenen Tod und der bevorstehenden neuen Geburt. Sie fühlt dann immer deutlicher, dass sie nur noch wenig Geisteslicht ausstrahlen kann. Sie lebt zuletzt nur einsam, in sich selbst verschlossen, wenn die Kraft des Seelenlichtes gänzlich erlahmt.

Die Seele weilt dann in ihrem inneren, einsamen Erleben eine Zeit lang wie in einer dunklen Welt, von der wir uns schon hier eine Vorstellung bilden können, wenn wir alle Eindrücke unserer Umwelt von uns ausschalten und uns völlig auf uns selbst konzentrieren.

Nachdem das alles durchlebt worden ist, erhebt sich die Seelenkraft des Abgeschiedenen zu einer ganz anderen Bedeutung. So ist zum Beispiel im Erdenleben die Sehnsucht etwas Passives, aber eine solche Seelenkraft ist zwischen Tod und einer neuen Geburt von einer ganz anderen Wertigkeit.

In der geistigen Mitternachtsstunde erwacht die Sehnsucht, aus diesem Zustand herauszukommen. Sie ist aber eine schöpferische Sehnsucht, eine positive Kraft, die eine Außenwelt vor uns hinstellt, die zugleich eine Innenwelt ist. Es taucht immer deutlicher vor unserem

Blick wie aus einer fernen Vergangenheit das Bild unseres vergangenen Erdenlebens auf, das die Seele in allen Einzelheiten überschauen kann, besonders in seiner vielfachen Unvollkommenheit.

Aus dieser Überschau erhält die Seele die Einsicht und das Streben: Es ist notwendig, dieses Erdenleben, das so war, wie es vor mir ausgebreitet liegt, in seinen Unvollkommenheiten zu einer schönen Harmonie auszugleichen.

Zu diesem Zeitpunkt fühlt die Seele in sich nicht nur die Überzeugung von vielen bereits durchlaufenen Erdenleben, sondern sie hat die lebhafte Tendenz, in Ergänzung derselben ein möglichst ausgleichendes neues Erdenleben zu führen.

Es dauert einige Zeit, bis vor der Seele das Bild des erstrebten Erdenlebens in seiner neuen Gestalt im Vergleich mit den früheren auftaucht – zugleich mit der Erkenntnis: Dem bist du ein neues Erdenleben schuldig. Ein Ausgleichen des bisher Unausgeglichenen tritt in seiner Notwendigkeit auf.

Die anderen Seelen, die mit unseren bisherigen Lebensläufen in Beziehung standen, erleben in ihrem fühlenden Wollen und wollenden Fühlen etwas Ähnliches. Und dieses bewirkt, dass jene Seelen mit uns zusammen wieder in ein neues Erdenleben eintreten und wir dadurch Gelegenheit finden, das Unausgeglichene auszugleichen.

So taucht die nächste und dann die weitere Umgebung unseres kommenden Lebens vor uns auf. Die persönlichen Beziehungen in Liebe und Abneigung treten auf. Es tritt das Volk auf, mit dem die Seele vereinigt werden wird.

Die Seele lernt die Kräfte kennen, die sie ihrem fühlenden Wollen einpflanzen muss, um auf dem angedeuteten Weg weiterzukommen. Es werden so die Tendenzen vorbereitet, um ein neues Erdenleben in immer bestimmteren Umrissen einzuleiten. Diese schöpferische Imagination ist es vor allem, die als innere Kraft für die Ausgestaltung des kommenden Erdenlebens wirkt.

Außerdem tritt ein eigentümliches Gefühl wie ein Wille auf, und zwar so, dass wir fühlen, es strömt von der Ferne auf uns ein und webt sich mit warmem Fühlen und Wollen in uns ein. Es kommt dies von dort her, wohin unsere Gedanken gegangen waren, und es führt uns zu dem Elternpaar, zu dem wir uns hingezogen fühlen, um das Urbild des neuen Erdenlebens soweit als möglich zu verwirklichen.

Es kommt auf diesem Weg zur Verkörperung der Zeitpunkt, wo die Seele in den Gedanken ihrer früheren Lebenserfahrungen mit dem zusammentrifft, was seitdem in ihr vorgegangen ist. Das gibt einen weiteren Zug zu dem Elternpaar, das den Vorbereitungsstoff zu dem bieten kann, was die Seele braucht.

So ist es im normalen Fall. Aber nicht selten ist der Wille, sich zu verkörpern, nicht dann da, wenn die Seele zu den Gedanken an ihre früheren Erdenleben kommt, die ihr entgegentreten, sondern schon früher. Dann entsteht ein Erdenleben, das einen Niedergang bedeutet. Wenn dagegen jenes Zusammentreffen in richtiger Art erfolgt, dann kommt ein fördernder Ausgleich mit dem zustande, was die naturgemäße Folge der vorhergegangenen Erdenleben sein wird.

Gerade hier können die Ergebnisse der Geisteswissenschaft aufklärend wirken, da der Geistesforscher in der Lage ist, ein Verständnis für die Eigentümlichkeit einer jeden Seele zu entwickeln.

Nehmen wir an, er steht einer Verbrecherseele gegenüber. In seinem tiefen Mitleid mit ihr erkennt er, dass sie sich eigentümlich darlebt, dass sie die ihr von Ferne zuströmenden Gedanken nicht recht erwarten will, sondern durch ihren Trieb, sich zu verkörpern, zu einer geistigen Frühgeburt kommt.

Trotz dieses zum physischen Leben drängenden Triebes tragen diese Menschen in ihrem Unterbewusstsein im Erdenleben eine gewisse Missachtung des Lebens. Daraus ist es auch erklärlich, dass sich in der eigentümlichen Verbrechersprache Charaktere zeigen, die im Zusammenhang mit unterbewussten Seelentendenzen stehen, die auf eine Verachtung des Lebens hinauslaufen.

Ein richtiges, harmonisches Sichfühlen in der irdischen Verkörperung hat nur der Mensch, dessen Seele sich in dem richtigen Zeitpunkt mit seinen Gedanken zusammenfindet. Das ist wie gesagt bei der Verbrecherseele nicht erfolgt, bei deren physischem Leben trotz des bewussten Selbsterhaltungstriebs im Unterbewusstsein eine starke Lebensverachtung waltet.

Es treten über die Wiederverkörperung viele Einzelfragen auf, so zum Beispiel diese: Wie ist es bei frühzeitigem Tod in konkreten Fällen, wie bei einem Unglücksfall, der zum Tod führt?

In einem solchen Fall hätte die Seele ihren physischen Leib noch nicht verlassen sollen. Daher sieht sie die geistige Welt durch den Schleier derjenigen Kräfte, mit denen sie hier im irdischen Leben noch hätte wirken können. Die geistige Welt tritt ihr dadurch anders entgegen, als wenn der Tod im hohen Alter eingetreten wäre.

Bei unverbrauchten Lebenskräften hat der Mensch nach seinem vorzeitigen Tod manches in der Seele bewahrt, das ihm dann in der geistigen Welt in gewisser Richtung ein Wirken mit größeren Kräften ermöglicht. So klärt sich manches trotz der voneinander geschiedenen Welten auf.

Es ist nicht möglich, dass ein Leben vorzeitig beendet wird, um im Leben in der geistigen Welt und auch im späteren Erdenleben stärkere

Kräfte zu erreichen. Es muss immer die Möglichkeit gesucht werden, das bestehende irdische Leben so weit als möglich auszuleben. Liegt der frühere Tod in unserem Karma, so wird er ohne unser Zutun eintreten. Erst auf höchster geistiger Erfahrungsstufe ist ein solcher Tod vorauszusehen.

So wird allmählich das Leben zwischen Geburt und Tod durch derartige Forschungsergebnisse hell. Das Urbild dazu wird in der geistigen Welt von der Seele selbst zubereitet und durch geistige Anschauung zwischen dem Tod und einer neuen Geburt ausgebildet. In diesem höheren Sinne sind wir Mitschöpfer an unserem Erdenleben.

Wenn jemand diese Darstellungen so auffassen sollte, dass nur eine Seele zu einer anderen Seele ein Verhältnis haben kann, so muss gesagt werden, dass der Geistesforscher den entkörperten Seelen in ähnlicher Art gegenübersteht wie diese untereinander. Dadurch ist die Möglichkeit gegeben, etwas über den Tod zu erfahren.

Die Seele hat nach dem irdischen Tod in Bezug auf die Außenwelt nicht mehr ihre Gedanken, aber ein umso lebendigeres Fühlen, Begehren und Wollen. Das ist aber erst zu entdecken, wenn die Seele wie beim Geistesforscher aus dem Leib herausgeht und andere Seelen beobachten kann.

Die Dinge der physischen Welt haben Eigenschaften, die man durch die Sinne wahrnehmen kann. Philosophische Untersuchungen kann man anstellen, ohne Geistesforscher zu sein. Aber erst wenn man das ist, weiß man, dass die Seele andere Schicksale als der Leib hat. Sie trägt die Unsterblichkeit in sich und pflegt in sich den Keim eines neuen Erdenlebens.

Wie der Keim in der lebenden Pflanze nach dem Verwelken zu einer neuen Pflanze wird, so gelangt der Keim in der Seele nach dem Durchgang durch das Leben im Geist zu einem neuen Erdenleben. Die Unsterblichkeit ist die Haupteigenschaft der Seele mit einem Keim, der den Trieb zum Erdenleben aufrechterhält.

Der Pflanzenkeim kann verdorren oder verzehrt werden. Das ist aber nur in der physischen, nicht in der geistigen Welt möglich. Für den Geistesforscher ergibt keine seiner Beobachtungen etwas, was den Seelenkeim davon abhalten könnte, nach seinen charakteristischen Kräften in einem neuen Erdenleben zu erscheinen.

Freundliche und feindliche Stimmen werden sich über das heute Gesagte in verschiedener Richtung äußern, je nach den herrschenden Denkgewohnheiten.

Das aber lässt sich nicht vermeiden, ebenso wie bei den Vorstellungen, die man auch ändern musste, als Kopernikus auftrat und den damaligen Menschen sozusagen die Erde unter den Füßen wegzog, indem er ganz entgegen der früheren Denkgewohnheit lehrte: Die Erde bewegt sich mit rasender Geschwindigkeit durch den Weltraum, ihr gegenüber steht die Sonne still.

Für den Geistesforscher ist es möglich zu schauen, was die menschliche Sehnsucht erfahren möchte: was außerhalb des Erdenlebens vorgeht und wie dieser geistige Kopernikanismus zu erreichen ist.

In rückschrittlicher Weise wollte sich zu den Zeiten des Kopernikus die Naturwissenschaft nicht in dessen Anschauungen vertiefen. Dessen Werke waren lange Zeit von der Kirche verpönt, aber die Wahrheit dringt auch durch die dünnsten Spalten.

Und wie sich die Anschauungen des Kopernikus und des Giordano Bruno in die widerstrebenden Denkgewohnheiten der Menschen eingelebt haben, so wird sich auch diese neue Weltanschauung einleben, wodurch sich das geistige Firmament des irdischen Lebens jenseits von Geburt und Tod erweitert. Der Blick findet über diese hinaus und nimmt dadurch einen kräftigen Trost gegen den feindlichen Materialismus auf, der auf dem Boden der Wissenschaft zu stehen vermeint.

Wenn auch von religiöser Seite Einwendungen gemacht werden, weil man fürchtet, der Glaube sei dadurch gefährdet, so kann man dazu erwidern: Es wurde auch gefürchtet, die Religion werde durch die

Lehre des Kopernikus gefährdet. Aber die Erfahrung beweist, dass sie sich ohne Schädigung damit abgefunden hat.

Die Religion braucht nicht durch eine neue Wahrheit ins Wanken zu kommen. Wie schwach müsste eine Gottesvorstellung sein, die es nicht ertragen könnte, wenn neue Erkenntnisse in sie hineingetragen werden!

Hätte man Columbus davon abhalten wollen, ein neues Land zu entdecken, in der irrtümlichen Meinung, dass dort die Sonne nicht so scheint wie in den bekannten Erdteilen, so sieht heute jeder das Törichte eines solchen Tuns ein.

So auch weiß der Geistesforscher: Die Welt des Geistes wird nach und nach den Menschen erschlossen. Mögen sich auch die Vorstellungen der landläufigen Religion dagegenstemmen, so wird einstmals die Sonne die Aufnahme der neuen Entdeckungen beleuchten.

Mancher wird einwenden: Da wird des Kopernikus Anschauung mit der Geisteswissenschaft verglichen; erstere hat wirkliche Tatsachen entdeckt, diese Geisteswissenschaft kann aber nur Behauptungen vorbringen.

Darauf erwidert der Geistesforscher: Was weißt du von den Tatsachen der kopernikanischen Weltanschauung? Was hast du von diesen selbst wirklich erfahren? Liegt nicht dasselbe heute bei dem Versuch vor, die Geisteswissenschaft einzuführen, wie beim Eintritt jener umwälzenden Gedanken über die kosmische Gestaltung und Bewegung unseres Planetensystems?

Man hatte früher die Auffassung gehegt, die Erde stehe still und die Sonne bewege sich um die Erde, wie es der Augenschein ergibt. Und so wird von jetzt an der Mensch allmählich lernen müssen, dass verschiedene Erdenleben eine Tatsache sind. Aber trotz unserer so stolzen Zeit leuchtet dem materialistisch aufgewachsenen Menschen die Logik der Geisteswissenschaft noch nicht ein.

So ist zum Beispiel in einem neueren Buch *Gedanken über den Tod*[1] zu lesen, die Unsterblichkeit der Seele sei nicht beweisbar. Selbst Platon und die auf ihm fußenden Vertreter der Seelenwissenschaft konnten aus ihrer Einfachheit und Unzerstörbarkeit nicht ihre Unsterblichkeit ableiten.

Aus einer solchen Probe, die aber symptomatisch ist, geht die ganz fadenscheinige Logik solcher Anschauungen hervor.

---

1 Artur Brausewetter, *Gedanken über den Tod* (Stuttgart 1913), S. 198: «Die neuere Entwicklung aber setzt mit Kant ein, der der Untersuchung über die Unsterblichkeit ganz neue Bahnen weist.

Die Unsterblichkeit zu beweisen ist unmöglich. Weder Plato noch dem auf ihm fußenden Mendelssohn ist es gelungen, sie aus der Einfachheit und Unzerstörbarkeit der Seele zu erhärten. Mögen wir auch der Seele eine einfache Natur einräumen, so bleibt doch ihre Beharrlichkeit als bloßer Gegenstand des inneren Sinnens unerwiesen und unerweislich.»

Zum Schluss möge es gestattet sein, das heute Abend Vorgetragene in einer Empfindung zusammenzufassen.

Man fühlt die Geisteswissenschaft, die neu in unserer Zeit an die Menschen herantritt, als eins mit dem Ahnen der hervorragendsten Führer der Menschheit. Und ich möchte dabei auf ein schönes Wort bei Goethe hinweisen, das wir nicht flüchtig hinnehmen dürfen, weil es etwas tief Verwandtes mit der Geisteswissenschaft und dem Leben außerhalb des Leibes hat, nämlich auf das Wort von Lorenzo de' Medici: Diejenigen sind auch schon für dieses Leben tot, die auf kein anderes hoffen.[2]

Was durch die Pforte des Todes gegangen ist, das war nicht zum ersten Mal da. Das war nicht zum ersten Mal im abgeschlossenen Erdenleben da, sondern schon früher. Wir leben von dem, was wir für ein geistiges Leben erhoffen. Wir könnten nicht seelisch leben ohne die gefühlsmäßige, tiefinnerliche Überzeugung von dem, was wir schon im gegenwärtigen Leben für ein geistiges Leben erwarten, was wir als Hoffnung eines zukünftigen Lebens in uns tragen.

---

2 Goethe, *Gespräche mit Eckermann,* am 25. Februar 1824: «Ich möchte keineswegs das Glück entbehren, an eine künftige Fortdauer zu glauben; ja ich möchte mit Lorenzo von Medici sagen, daß alle diejenigen auch für *dieses* Leben tot sind, die kein *anderes* hoffen».

Fragenbeantwortung*

Fragenbeantwortung zum Vortrag vom 31. März 1914, München:
«Vom Tode»
von
Dr. Rudolf Steiner.

1.) Ich war Missionar und hatte schwere Malaria, lag in Agonie. Dabei erlebte ich, wie mein ganzes Leben in schnellen, aber nicht unruhigen Bildern an mir vorüberzog, so etwa wie Bilder ohne Rahmen an einer langen Wand.

Dieses Erlebnis ist nicht Ausnahmefall, sondern ganz naturgemäss im seelischen Leben begründet. Dieses Vorüberziehen hat man nicht nur dann, wenn man stirbt, sondern jedesmal, wenn man ausserhalb seines Leibes mit seinen Seelenkräften weilt. Der Geistesforscher kann es willkürlich herbeiführen. Man findet einen solchen Fall geschildert, bei dem Kriminal-Anthropologen Moritz Benedikt; ins Wasser gefallen. Jedesmal, wenn das seelische Erleben sich loslöst tritt diese Rückerinnerung ein. Man kann also die Sache nicht anders erwarten, als sie

* Diese Fragenbeantwortung wird ohne jede Redaktion oder Anpassung der Rechtschreibung wiedergegeben.

hier geschildert wurde. Es schaut aus wie Kinematographie, weil es so schnell geht, dass es fast gleichzeitig erscheint. Durch den Vergleich mit dem Kinematographen soll nur die Schnelligkeit des Bildablaufes zum Ausdruck kommen.

2.) Kann man seine Eltern wählen und seine neue Existenz?

Der Mensch kann im geistigen Dasein seine Begriffe nicht so beziehen auf seine Wünsche wie vor dem Tode. Nur wenn man ein wirksames Ideal (aber es muss ein wirksames sein) sein will seines kommenden Erdenlebens, so kann man das Elternpaar wählen.

3.) Kann man eine Rückerinnerung an seine vorige Existenz haben?

Das ist nur eine Reife-Frage. Es besagt nichts gegen die Rückerinnerung, dass die meisten Menschen sie heute nicht haben. Das wäre so, wie wenn man sagen würde: «Du behauptest, der Mensch kann rechnen. Ich bringe dir einen Menschen, der nicht rechnen kann, also kann der Mensch nicht rechnen.» Man kann ein sehr berühmter Mann in einem Erdenleben sein, und dadurch kann gerade bedingt sein, dass im nächsten Erdenleben ganz andere Bedingungen eintreten. Diese Rückerinnerung tritt eigentlich nur ein als eine Art Erkenntniserhöhung.

4.) Wie ist die Reinkarnation möglich, die Völkerzahl vergrössert sich doch?

Das ist eine Frage, die fast nach jedem zweiten, oft nach jedem Vortrag auftaucht! Das eine schliesst aber das andere nicht aus.

5.) Gehen die wiederholten Erdenleben in infinitum? Und wenn nicht, was kommt nachher?

Sie gehen ungefähr solange als die physische Erde läuft. Man kann in einem Vortrag nicht immer alle Dinge vorbringen vom Anfange der Welt bis zu ihrem Ende. Man soll in seinem Vorstellen überhaupt nicht solche übereinander geschichteten Etagen, nicht solche erspekulierten Gedankenetagen haben. Jedenfalls wird sich das schon ergeben, was dann weiter folgen soll. Ein Redner soll einmal auf die Frage, was denn Gott getan habe vor der Erschaffung der Welt, geantwortet haben: Ruten geschnitten für die unnützen Fragensteller. *Ich* hätte das nicht gesagt, denn ein Vortragender hat ja in gewisser Beziehung höflich zu sein, nicht wahr, aber die Meinung, dass man «letzte Fragen aufstellen» kann, entspringt einer Denkgewohnheit.

6.) Ist ein Unterschied für das Leben nach dem Tode, wenn ein Selbstmörder im Wahnsinn sich das Leben genommen hat?

Da liegen schon andere Verhältnisse vor, man muss auf das gesamte Schicksal schauen.

7.) Hat es Zweck für unsere Verstorbenen zu beten, Messen zu lesen? Leben die Toten mit uns in Fühlung?

Mit dem Tode fällt alles ab, was physisch ist, aber alles andere bleibt bestehen, der Geist der Verhältnisse, Freundschaft usw.. Lebendiges Gedenken ist das Beste, das kann auch ohne Messe sein, es ist eben verschieden nach den Religionsbekenntnissen. Jedes Sich-Sammeln, jedes Insich-, Beisichsein nähert den geistigen Welten und kommt auch den Toten zugut.

8.) Stellt Hodler den Anfang oder das Ende einer Kunst dar?

Das hängt vom Standpunkt ab! Alles ist ein Anfang von etwas und ein Ende von etwas Anderem.

9.) Wie ist es bei Geisteskrankheit; übermenschliche Zerstörungskräfte; Starre; innerlich erregten Eindruck, Stimmen hören?

Hier ist ein ganzes Bündel von Fragen. Es gibt eigentlich nicht Erkrankung des Geistes. Was man «Geisteskrankheiten» nennt, ist eigentlich auch nichts anderes als eine körperliche Anomalität. Wenn

Sie sich in einem schlecht konstruierten Spiegel ansehen, kann Ihnen ein Gesicht entgegenglotzen, das man nicht gern haben möchte. In der Wechselwirkung des Seelisch-Geistigen mit dem erkrankten Leib ist die Ursache zu suchen für die sogenannten Geisteskrankheiten. Ich bemerke ausdrücklich, dass daraus nicht folgt, dass die Kur nur eine rein physische zu sein brauchte. Häufig ist es so, dass [der] Körper, der in Unordnung ist, die Seelenäusserung verzerrt, wird der Körper geheilt, dann tritt dadurch Beruhigung, in vielen Fällen Besserung ein.

10.) Ist Geburteneinschränkung erlaubt?

Na, da haben wir's ja!

11.) Wie ist es mit einer Inkarnation, wo der Mensch kurz nach der Geburt verstorben ist?

Da ist diese Inkarnation zum vorigen Erdenleben zuzurechnen. Der Mensch hat vielleicht in seinem letzten Erdenleben nicht alles aus sich heraussetzen können, was er wollte. Dann stückelt er noch ein so kurzes Leben an. Das gehört dann karmisch noch zum vorhergehenden Leben, nicht zur folgenden Verkörperung. Besonders, wenn der Tod schon vor der Geburt eintritt. Zuweilen ist es wenigstens so, zuweilen auch anders. Z.B. man will mit bestimmten Menschen zusammentreffen, die gerade verkörpert sind. Das kann sich in frühester Kindheit abspielen. Hundertfältig können die Verhältnisse sein.

12.) Wie ist es, wenn ein Mensch als Irrsinniger verstorben ist? (Die weitere Fragenstellung war so, dass die Zuhörer anfingen zu lachen).

Es war neulich auch einer, der über eine Frage spottete, ich musste erwähnen, dass ich das wenig christlich finde, und da es ein Pfarrer war, war es eine eigentümliche Erscheinung. – Man soll über solche Fälle nicht spekulieren, sondern nur konkrete Beispiele nehmen. So war einmal ein Mensch als Idiot geboren, der viel unter der Lieblosigkeit seiner Mitmenschen zu leiden hatte. In der Rückschau nach dem Tode erlebte er, dass er dadurch grosse Kräfte entwickeln konnte. Kräfte wandeln sich ja in der mannigfaltigsten Weise um. Dieser Mensch wurde als ein Genie der Philanthropie wiedergeboren.

13.) Wie ist es, wenn der Geistesforscher kein Heiliger ist?

Vielleicht ist er es nur in den Augen seiner Mitmenschen nicht. Lichtenberger sagt: Wenn ein Buch und eine Kopf zusammenschlagen, und es klingt hohl, muss dann die Schuld gerade am Buch liegen?

14.) Hereditäre Belastung?

15.) Es müssten, nach dem letzten Vortrag zu urteilen, Menschen mit bösen Instinkten geistig am reichsten begabt sein?

Es war nicht eine Glorifikation des Bösen im letzten Vortrag gemeint. Man darf nicht sagen: Das Böse sei etwas, was wertvoll ist in der geistigen Welt. Wird es aber heruntergetragen, wo es eben nicht hingehört, dann ist es das Böse. Auch begabte Menschen mit bösen Instinkten zeigen da, dass sie das, was sie haben, nicht in höheren Welten gelassen, sondern es zu Unrecht in die physische Welt heruntergetragen haben.

16.) Ist das lange Wachhalten besonders wünschenswert?

Nein, durch solche Dinge erreicht man garnichts.

17.) Ich sehe bei geschlossenen Augen oft das Antlitz meiner vor fünf Jahren verstorbenen Mutter, sie öffnet die Augen müde, die sich oft mit Trauer füllen. Was kann ich für sie tun?

Das ist eine ganz spezielle Frage, und es müsste bei der Antwort berücksichtigt werden, dass wir hier einen speziellen Fall vor uns haben. Die mannigfaltigsten Erscheinungen können die verschiedensten

Ursachen haben. Z.B. Affizierung des Aetherleibes kann vorliegen. Mit Liebe an einen solchen Toten denken, und sich mit ihm in Gedanken beschäftigen, ist jedenfalls gut, denn was man in Gedanken tut, gehört der geistigen Welt, also dem Toten, an.

18.) Was versteht man unter Anthroposophie?

Das ist in Worten nicht so leicht zu sagen. Anthroposophie ist das, was der Mensch über sich erfahren kann, wenn nicht nur der Verstand, dadurch nur ein Teil des Menschen, sondern wenn der ganze Anthropos Antwort gibt.

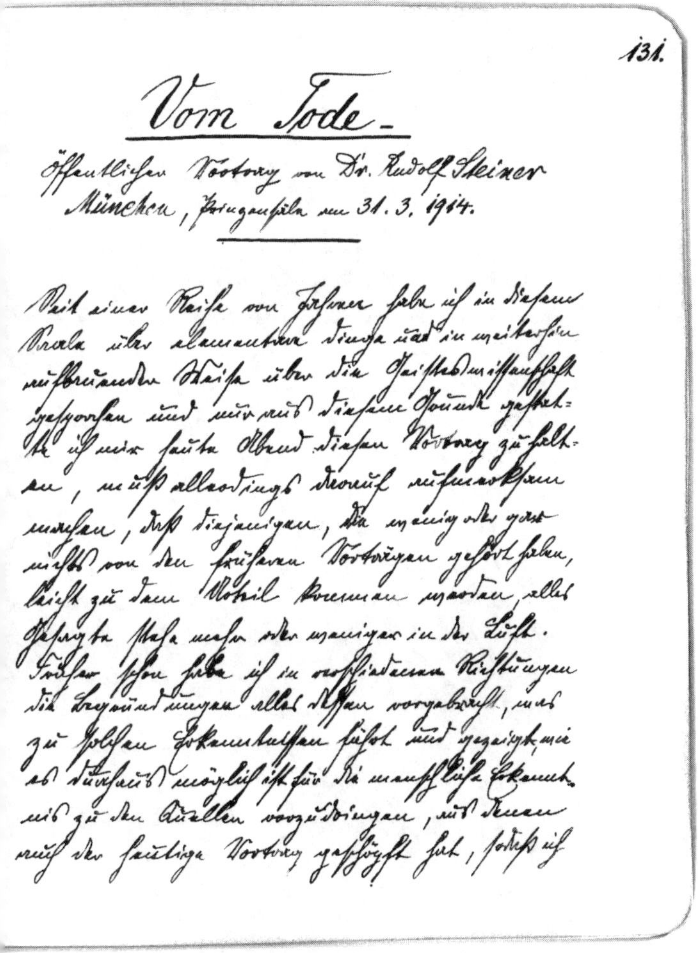

Vom Tode –
Öffentlicher Vortrag
von Dr. Rudolf Steiner/
München, Prinzensäle,
am 31.3.1914./

Seit einer Reihe von Jahren habe ich in diesem/ Saale über elementare Dinge und in weiterhin/ aufbauender Weise über die Geisteswissenschaft/ gesprochen und nur aus diesem Grunde gestat/te ich mir heute Abend diesen Vortrag zu halt/en, muß allerdings darauf aufmerksam/ machen, daß diejenigen, die wenig oder gar/ nichts von den früheren Vorträgen gehört haben,/ leicht zu dem Urteil kommen werden, alles/ Gesagte stehe mehr oder weniger in der Luft./

Früher schon habe ich in verschiedenen Richtungen/ die Begründungen alles dessen vorgebracht, was/ zu solchen Erkenntnissen führt und gezeigt, wie/ es durchaus möglich ist für die menschliche Erkennt/ nis zu den Quellen vorzudringen, aus denen/ auch der heutige Vortrag geschöpft hat, sodaß ich/

nicht immer wieder dasselbe zur Stütze vorzu/ bringen brauche, um aus den über das heutige/ Thema angestellten speziellen Forschungen/ der Geisteswissenschaft, das ja einer jeden/ menschlichen Seele nahe liegt, Einiges mit/zuteilen. Die Beweise hierfür liegen in/ anderen Vorträgen, doch will ich einleitend/ noch Verschiedenes vortragen, das den Übergang/ für denjenigen bilden kann, der sich noch/ wenig mit den Gegenständen der Geistes/ wissenschaft beschäftigt hat. Daß diese so ganz/ anders ist, als die äußere Wissenschaft, obgleich/ sie durchaus [als] eine Fortsetzung der naturwissen/schaftlichen Errungenschaften anzusehen ist, wur/de schon öfter betont. Die Geisteswissenschaft/ stützt sich nicht auf die Naturwissenschaft, sond/ern auf ein Erkennen, das mit entwickelt/eren Kräften der Seele erreicht wird, die/ zunächst im Unterbewußtsein der Seele schlum/mern, aber durch Meditation und Konzentrat/ion heraufgeholt werden können, sodaß die/ Seele im Stande ist damit den Sinn zu ver/

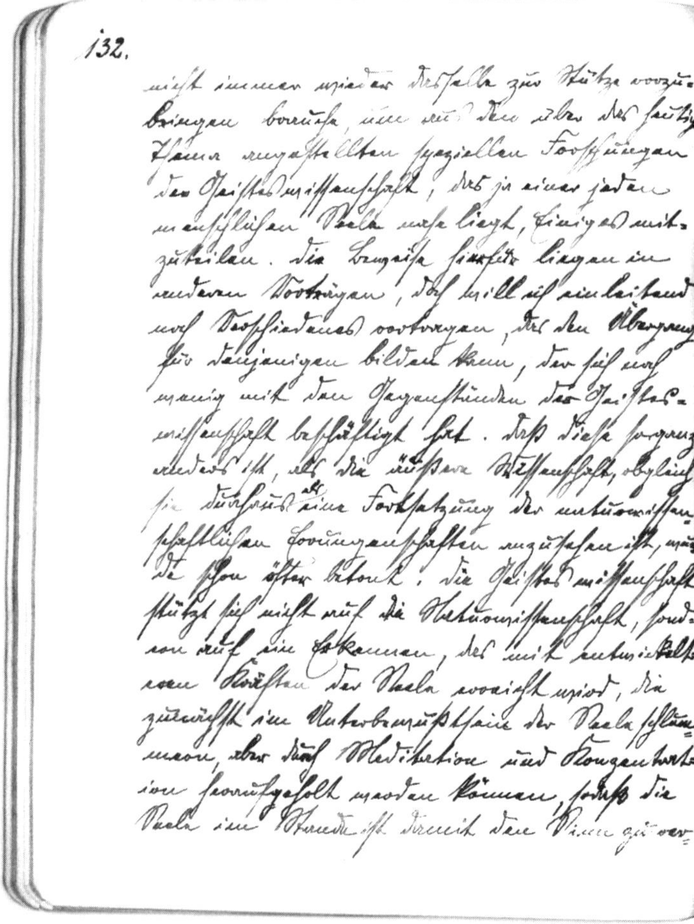
132.
nicht immer wieder dasselbe zur Stütze vorzu-
bringen brauche, um aus den über das heutige
Thema angestellten speziellen Forschungen
der Geisteswissenschaft, das ja einer jeden
menschlichen Seele nahe liegt, Einiges mit-
zuteilen. Die Beweise hierfür liegen in
anderen Vorträgen, doch will ich einleitend
noch Verschiedenes vortragen, das den Übergang
für denjenigen bilden kann, der sich noch
wenig mit den Gegenständen der Geistes-
wissenschaft beschäftigt hat. Daß diese so ganz
anders ist, als die äußere Wissenschaft, obgleich
sie durchaus als eine Fortsetzung der naturwissen-
schaftlichen Errungenschaften anzusehen ist, wur-
de schon öfter betont. Die Geisteswissenschaft
stützt sich nicht auf die Naturwissenschaft, sond-
ern auf ein Erkennen, das mit entwickelt-
eren Kräften der Seele erreicht wird, die
zunächst im Unterbewußtsein der Seele schlum-
mern, aber durch Meditation und Konzentrat-
ion heraufgeholt werden können, sodaß die
Seele im Stande ist damit den Sinn zu ver-

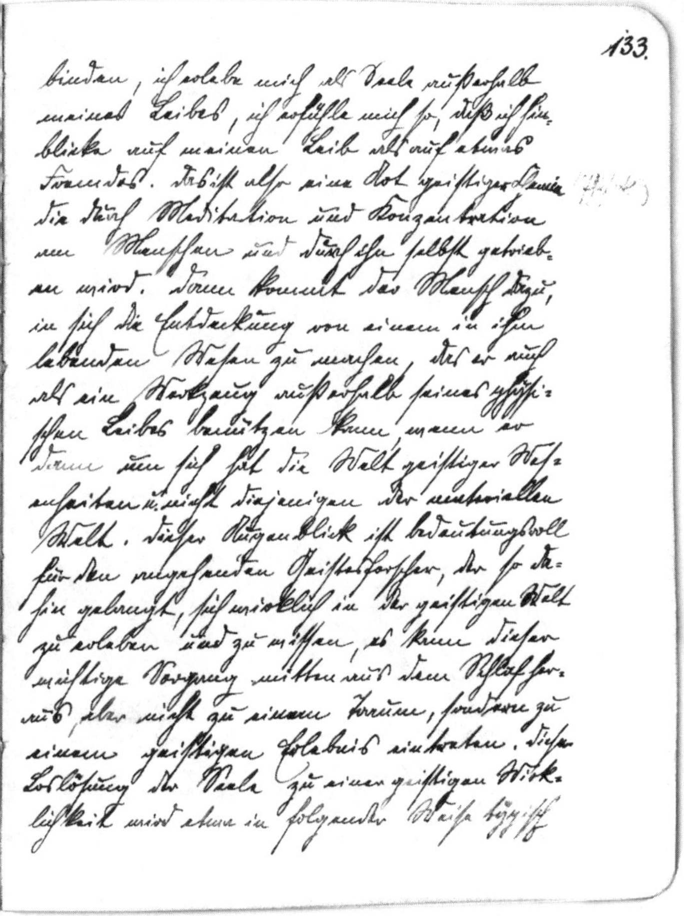

binden, ich erlebe mich als Seele außerhalb/ meines Leibes, ich erfühle mich so, daß ich hin/blicke auf meinen Leib als auf etwas/ Fremdes. Das ist also eine Art geistiger Chemie [Physik],/ die durch Meditation und Konzentration/ am Menschen und durch ihn selbst getrieb/en wird. Dann kommt der Mensch dazu,/ in sich die Entdeckung von einem in ihm/ lebenden Wesen zu machen, das er auch/ als ein Werkzeug außerhalb seines physi/schen Leibes benützen kann, wenn er/ dann um sich hat die Welt geistiger Wes/enheiten u. nicht diejenigen der materiellen/ Welt. Dieser Augenblick ist bedeutungsvoll/ für den angehenden Geistesforscher, der so da/hin gelangt, sich wirklich in der geistigen Welt/ zu erleben und zu wissen, es kann dieser/ wichtige Vorgang mitten aus dem Schlaf her/aus, aber nicht zu einem Traum, sondern zu/ einem geistigen Erlebnis eintreten. Diese/ Loslösung der Seele zu einer geistigen Wirk/lichkeit wird etwa in folgender Weise typisch/

empfunden: Es ist, als ob aus dem Schlaf auf/tauchend das tägliche Wachbewußtsein fühlt,/ jetzt durchdringt dich etwas wie eine unwider/stehliche elementare Gewalt, etwa als wenn/ ein Blitz in ein Haus schlägt, wenn die Los/lösung der Seele vom Leibe erfolgt und dieser/ äußerlich als etwas Fremdes wahrgenommen/ werden kann. So öffnet sich dann das Tor/ zu allen geistigen Forschungen, dann erst/ weiß man recht, was gemeint war, wenn/ der Geistesforscher von einem höheren Er/kennen spricht und sagt, es beginnt da/mit, daß man bis an die Pforte des Todes/ kommt. Allerdings erlebt der angehende/ Geistesforscher dies alles nur im Bilde, aber/ in realen Imaginationen, er erlebt den/ Tod, drinnen stehend in der Welt und nicht so,/ als wenn der Leib der Erde als Leichnam/ übergeben wird, wenn die Seele wirklich/ wenn die Seele wirklich/ durch die Pforte des Todes hindurchgegangen/ ist. – Ich möchte nun die Seelenstimmung/ schildern, die notwendig ist, um sich richtig/

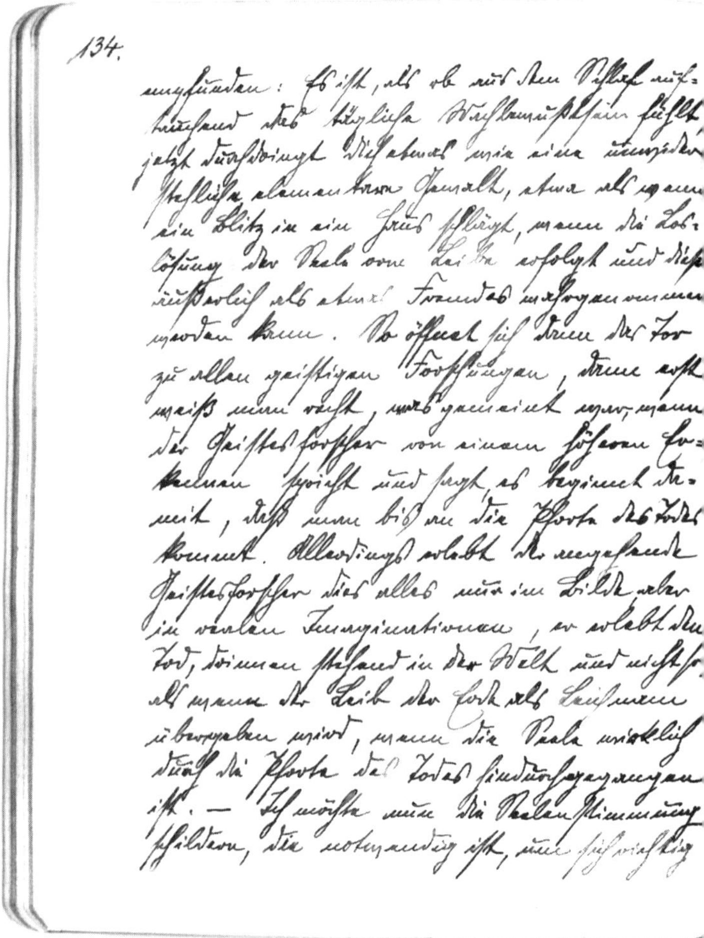
134.
empfunden: Es ist, als ob aus dem Schlaf auf-
tauchend das tägliche Wachbewußtsein fühlt,
jetzt durchdringt dich etwas wie eine unwider-
stehliche elementare Gewalt, etwa als wenn
ein Blitz in ein Haus schlägt, wenn die Los-
lösung der Seele vom Leibe erfolgt und dieser
äußerlich als etwas Fremdes wahrgenommen
werden kann. So öffnet sich dann das Tor
zu allen geistigen Forschungen, dann erst
weiß man recht, was gemeint war, wenn
der Geistesforscher von einem höheren Er-
kennen spricht und sagt, es beginnt da-
mit, daß man bis an die Pforte des Todes
kommt. Allerdings erlebt der angehende
Geistesforscher dies alles nur im Bilde, aber
in realen Imaginationen, er erlebt den
Tod, drinnen stehend in der Welt und nicht so,
als wenn der Leib der Erde als Leichnam
übergeben wird, wenn die Seele wirklich
durch die Pforte des Todes hindurchgegangen
ist. – Ich möchte nun die Seelenstimmung
schildern, die notwendig ist, um sich richtig

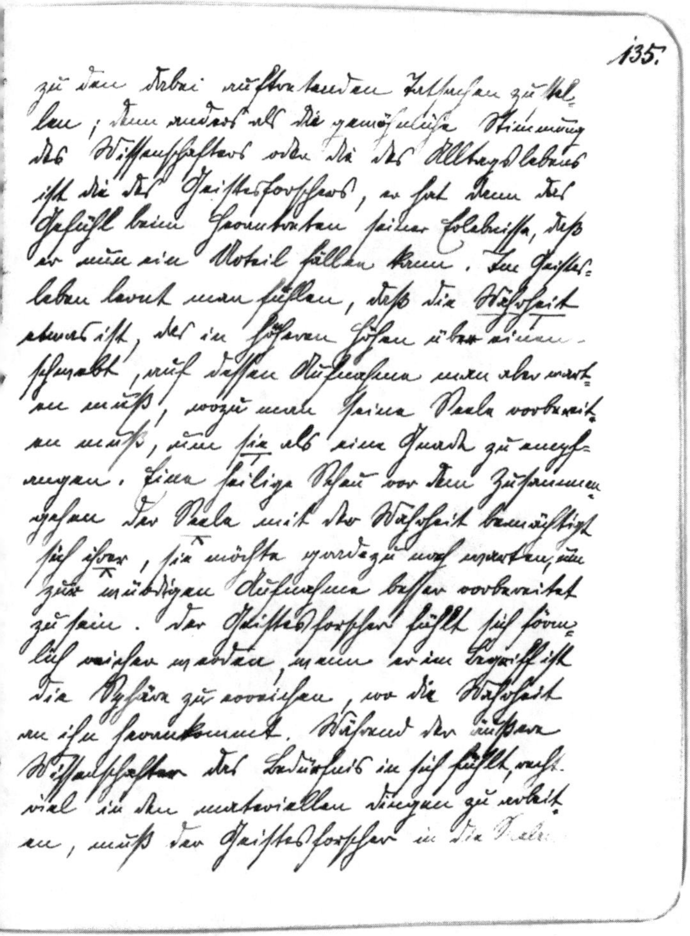

zu den dabei auftretenden Tatsachen zu stel/len; denn anders als die gewöhnliche Stimmung/ des Wissenschafters oder die des Alltagslebens/ ist die des Geistesforschers, er hat dann das/ Gefühl beim Herantreten seiner Erlebnisse, daß/ er nun ein Urteil fällen kann. Im Geistes/leben lernt man fühlen, daß die *Wahrheit*/ etwas ist, das in höheren Höhen über einem/ schwebt, auf dessen Aufnahme man aber wart/en muß, wozu man seine Seele vorbereit/en muß, um *sie* als eine Gnade zu empf/angen. Eine heilige Scheu vor dem Zusammen/gehen der *Seele* mit der Wahrheit bemächtigt/ sich *ihrer,* sie möchte geradezu noch warten, um/ zur würdigen Aufnahme besser vorbereitet/ zu sein. Der Geistesforscher fühlt sich förm/lich reicher werden, wenn er im Begriff ist/ die Sphäre zu erreichen, wo die Wahrheit/ an ihn herankommt. Während der äußere/ Wissenschafter das Bedürfnis in sich fühlt, recht/ viel in den materiellen Dingen zu arbeit/en, muß der Geistesforscher in die Seelen/

verfassung [kommen], die ihn mit heiliger Scheu in den/ Zustand eintreten läßt, die Wahrheit zu/ empfangen. Darauf sei nur mit trockenen/ groben Worten hingedeutet und wenn/ damit eingesehen oder wenigstens geahnt/ werden kann, daß vieles über das Natur/wissenschaftliche hinausgehend zu erkennen/ möglich ist, so ist gleichzeitig zu warten,/ um die Wahrheit recht an sich herankom/men zu lassen; das sei nur gesagt, um/ anzudeuten, welche Stimmung ich wünschen/ möchte ausgegossen zu haben für die Auf/nahme des heutigen Vortrags.

In erzählender Form will ich heute nur/ aus der Geistesforschung und ihren Quellen/ heraus über das Problem des Todes sprech/en und nehme dabei gleichzeitig Bezug auf/ meine Schrift über «Theosophie» u. «Die Schwelle der geistigen Welt». Die Schilderung/ des Vortrags soll mehr so erfolgen, wie/ die Seele die Vorgänge erlebt, die sich mit/ eigenen Kräften in die geistigen Welten/

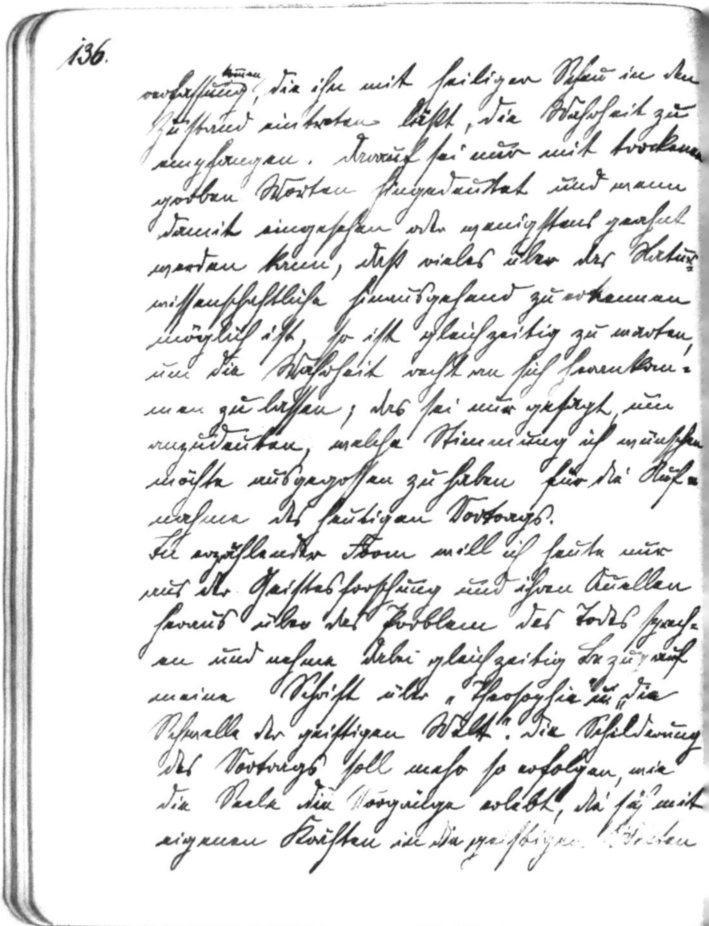
136.
verfassungkommen, die ihn mit heiliger Scheu in den
Zustand eintreten läßt, die Wahrheit zu
empfangen. Darauf sei nur mit trockenen
groben Worten hingedeutet und wenn
damit eingesehen oder wenigstens geahnt
werden kann, daß vieles über das Natur
wissenschaftliche hinausgehend zu erkennen
möglich ist, so ist gleichzeitig zu warten,
um die Wahrheit recht an sich herankom-
men zu lassen; das sei nur gesagt, um
anzudeuten, welche Stimmung ich wünschen
möchte ausgegossen zu haben für die Auf-
nahme des heutigen Vortrags.
In erzählender Form will ich heute nur
aus der Geistesforschung und ihren Quellen
heraus über das Problem des Todes sprech-
en und nehme dabei gleichzeitig Bezug auf
meine Schrift über „Theosophie“ u. „Die
Schwelle der geistigen Welt“. Die Schilderung
des Vortrags soll mehr so erfolgen, wie
die Seele die Vorgänge erlebt, die sich mit
eigenen Kräften in die geistigen Welten

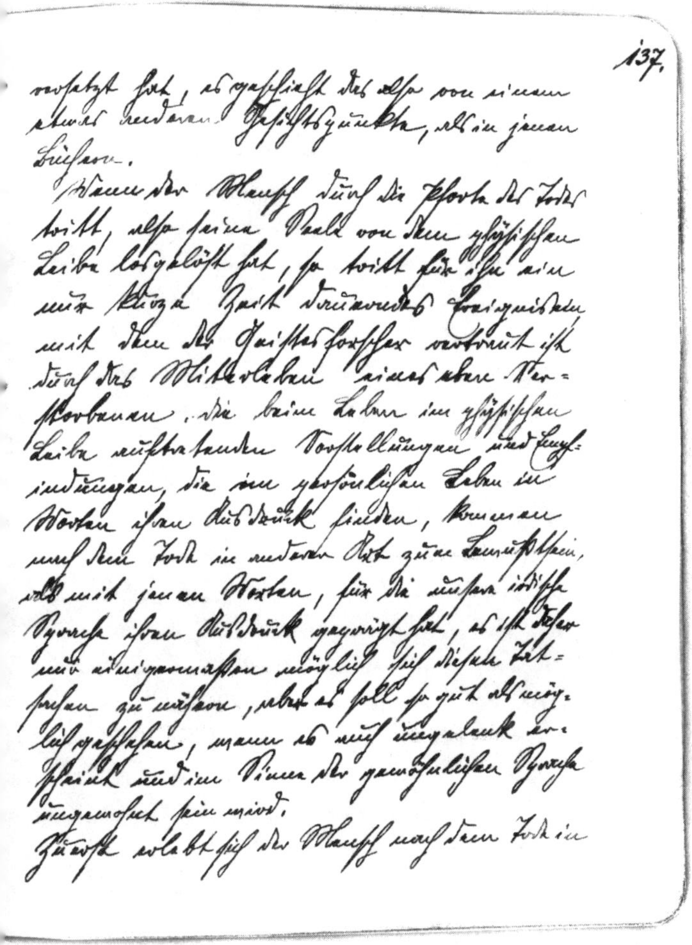

versetzt hat, es geschieht das also von einem/ etwas anderen Gesichtspunkte, als in jenen Büchern.

Wenn der Mensch durch die Pforte des Todes/ tritt, also seine Seele von dem physischen/ Leibe losgelöst hat, so tritt für ihn ein/ nur kurze Zeit dauerndes Ereignis ein,/ mit dem der Geistesforscher vertraut ist/ durch das Miterleben eines eben Ver/storbenen. Die beim Leben im physischen/ Leibe auftretenden Vorstellungen und Empf/indungen, die im persönlichen Leben in/ Worten ihren Ausdruck finden, kommen/ nach dem Tode in anderer Art zum Bewußtsein,/ als mit jenen Worten, für die unsere irdische/ Sprache ihren Ausdruck geprägt hat, es ist daher/ nur einigermaßen möglich sich diesen Tat/sachen zu nähern, aber es soll so gut als mög/lich geschehen, wenn es auch ungelenk er/scheint und im Sinne der gewöhnlichen Sprache/ ungewohnt sein wird.

Zuerst erlebt sich der Mensch nach dem Tode in/

seinen Gedanken, die anfangen ein selbständiges/ Leben zu führen, das für den Geistesforscher be/reits etwas Bekanntes ist und ihm schon ähnlich/ entgegentritt, wenn er außer dem Leibe weilt./ Die Gedanken sind dann also auch für ihn selb/ständige, geistige Wesen, während er sich im Leibe/ eins mit ihnen weiß. Dem Verstorbenen werden/ seine Gedanken, die er im physisch-irdischen Leben/ hatte, nun zur Außenwelt, sie leben derart/ weiter, daß sie ihm in einer Art Erinnerungs/tableau erscheinen, mit allen Erfahrungen über/ sein vergangenes Leben, die er aber damals nur/ teilweise überblicken konnte. Dieses lebendige,/ aus Gedankenwesenheiten bestehende Erinner/ungsbild tritt ihm vor die Seele als Rückschau/ auf das verflossene Erdenleben, in die nun alle/ Gedanken in voller Tätigkeit verwoben sind,/ und das nur kurze Zeit, höchstens einige Tage/ lang dauert. Diese Dauer ist bei den verschied/enen Menschen je nach der Entwickelung ihrer/ Individualität verschieden u. dem Geistesforscher/ ist beim Studium dieser Frage aufgefallen, daß/

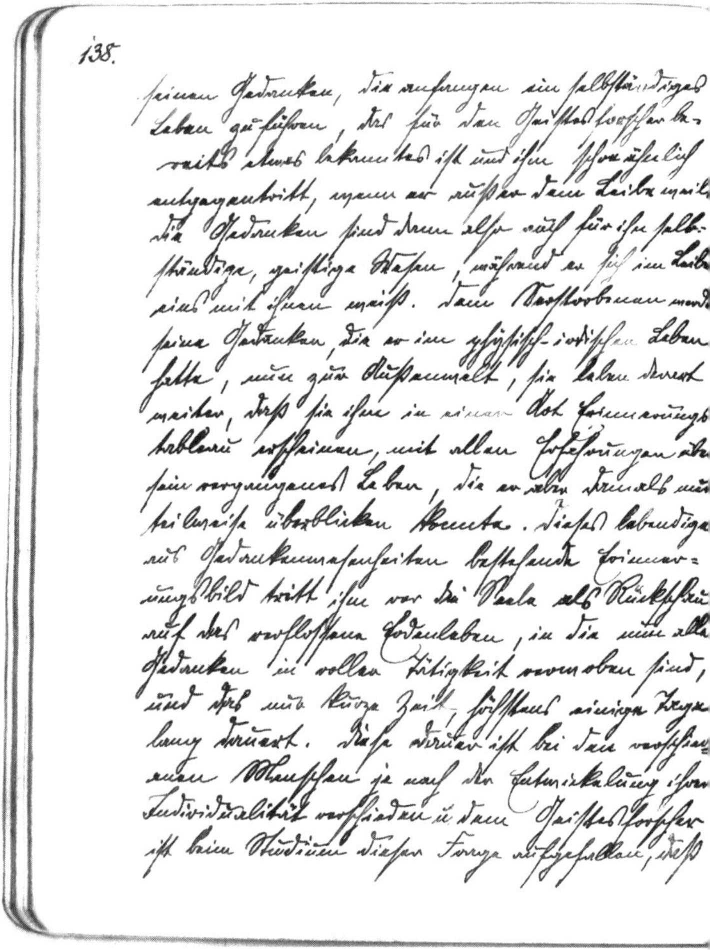
138.
seinen Gedanken, die anfangen ein selbständiges
Leben zu führen, das für den Geistesforscher be-
reits etwas Bekanntes ist und ihm schon ähnlich
entgegentritt, wenn er außer dem Leibe weilt.
Die Gedanken sind dann also auch für ihn selb-
ständige, geistige Wesen, während er sich im Leibe
eins mit ihnen weiß. Dem Verstorbenen wer-
den seine Gedanken, die er im physisch-irdischen Leben
hatte, nun zur Außenwelt, sie leben derart
weiter, daß sie ihm in einer Art Erinnerungs
tableau erscheinen, mit allen Erfahrungen über
sein vergangenes Leben, die er aber damals nur
teilweise überblicken konnte. Dieses lebendige
aus Gedankenwesenheiten bestehende Erinner=
ungsbild tritt ihm vor die Seele als Rückschau
auf das verflossene Erdenleben, in die nun alle
Gedanken in voller Tätigkeit verwoben sind,
und das nur kurze Zeit, höchstens einige Tage
lang dauert. Diese Dauer ist bei den verschied=
enen Menschen je nach der Entwickelung ihrer
Individualität verschieden u. dem Geistesforscher
ist beim Studium dieser Frage aufgefallen, daß

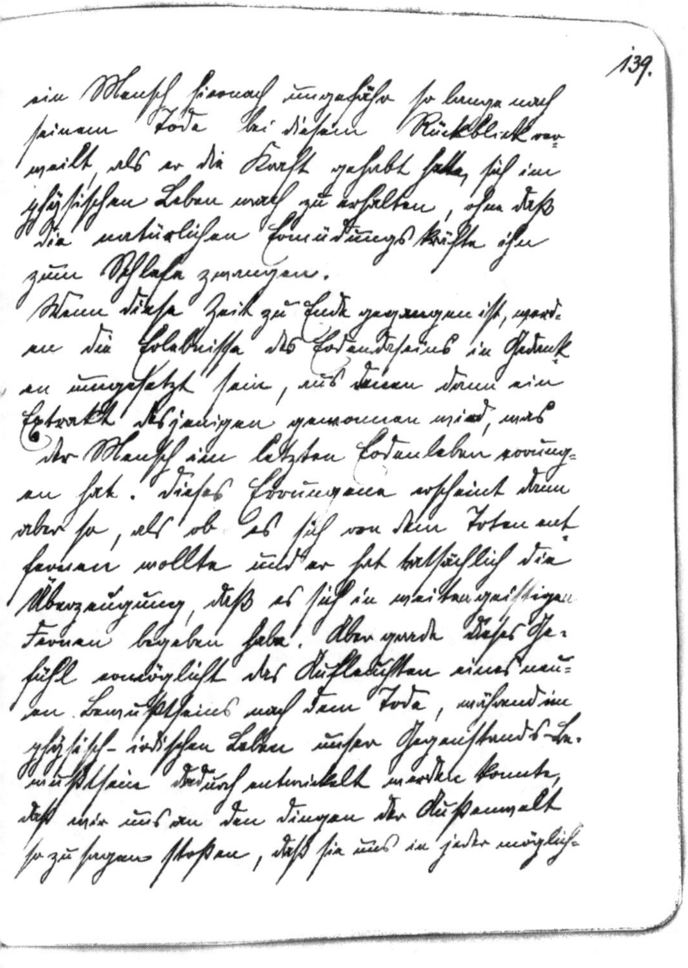
139.
ein Mensch hierauf ungefähr so lange nach
seinem Tode bei diesem Rückblick ver-
weilt, als er die Kraft gehabt hatte, sich im
physischen Leben wach zu erhalten, ohne daß
die natürlichen Ermüdungskräfte ihn
zum Schlafe zwangen.
Wenn diese Zeit zu Ende gegangen ist, werd-
en die Erlebnisse des Erdendaseins in Gedank-
en umgesetzt sein, aus denen dann ein
Extrakt desjenigen genommen wird, was
der Mensch im letzten Erdenleben errung-
en hat. Dieses Errungene erscheint dann
aber so, als ob es sich von dem Toten ent-
fernen wollte und er hat tatsächlich die
Überzeugung, daß es sich in weiten geistigen
Fernen begeben habe. Aber gerade dieses Ge-
fühl ermöglicht das Aufleuchten eines neu-
en Bewußtseins nach dem Tode, während im
physisch-irdischen Leben unser Gegenstands-Be-
wußtsein dadurch entwickelt werden konnte,
daß wir uns an den Dingen der Außenwelt
sozusagen stoßen, daß sie uns in jeder möglich-

ein Mensch hierauf ungefähr so lange nach/ seinem Tode bei diesem Rückblick ver/weilt, als er die Kraft gehabt hatte, sich im/ physischen Leben wach zu erhalten, ohne daß/ die natürlichen Ermüdungskräfte ihn/ zum Schlafe zwangen.

Wenn diese Zeit zu Ende gegangen ist, werd/en die Erlebnisse des Erdendaseins in Gedank/en umgesetzt sein, aus denen dann ein/ Extrakt desjenigen genommen wird, was/ der Mensch im letzten Erdenleben errung/en hat. Dieses Errungene erscheint dann/ aber so, als ob es sich von dem Toten ent/fernen wollte und er hat tatsächlich die/ Überzeugung, daß es sich in weite[n] geistige[n]/ Fernen begeben habe. Aber gerade dieses Ge/fühl ermöglicht das Aufleuchten eines neu/en Bewußtseins nach dem Tode, während im/ physisch-irdischen Leben unser Gegenstands-Be/wußtsein dadurch entwickelt werden konnte,/ daß wir uns an den Dingen der Außenwelt/ sozusagen stoßen, daß sie uns in jeder möglich/

en Hinsicht Widerstand bietet. In dem Erfühlen,/ es geht nun die ganze Errungenschaft, der Ex/ trakt des letzten Erdenlebens von einem fort,/ beginnt also das neue Bewußtsein und es schließ/ en sich andere Erlebnisse innerlicher Art an. Mehr durch eine neu in unser Bewußtsein/ tretende[,] innere Seelenkraft erleben wir den/ Zusammenhang mit unserem letzten Erden/leben, die aber nicht Gefühl oder Wille ist,/ sondern die man bezeichnen könnte in ihrem/ Aufdämmern als ein fühlendes Wollen,/ oder ein wollendes Fühlen, ein Wunsch, eine/ Begierde, in denen dann die Seele steckt./ Diese Seelenkraft richtet sich auf das Erdenleben,/ sodaß während einer ganzen Reihe von Jahren/ folgendes durchzumachen ist:

Während des Lebens wünschen, erstreben,/ erleben wir mancherlei, aber nicht alles wird/ uns zu Teil, es bleibt ein größerer oder klein/erer Rest, den wir nicht haben genießen kön/nen. Dieser lebt nun nachträglich noch in/ einer Art, die unsere Seele veranlaßt ihn/

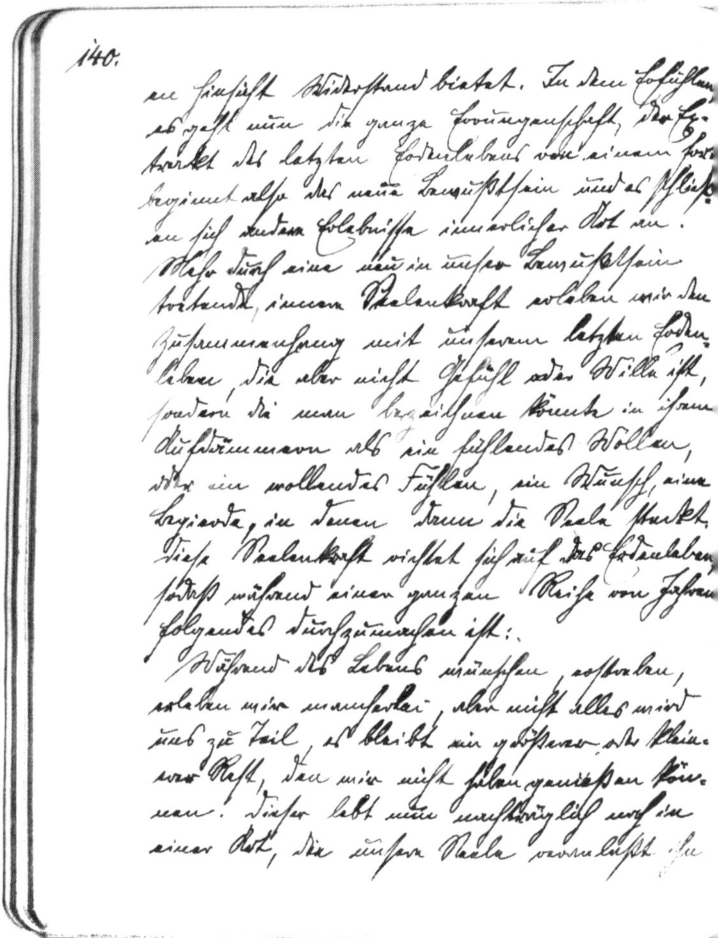

mit mehr oder minder starkem Gefühl zu/ erstreben in einem begierdevollen Zusammen/ hang mit dem letzten Erdenleben. Dieses Er/ leben erfolgt aber nur in einer rein geistig/en Umgebung, die Seele reißt sich von jen/em allmählich los und lernt erkennen, daß/ zu alle diesem Fühlen und Wollen das Erd/enleben nötig ist und auch in längeren/ Jahren in der geistigen Welt nicht befried/ igt werden kann. So nimmt der Tote/ in der geistigen Welt auch auf Umwegen durch/ diese anfangs schmerzvollen Erinnerungen/ sein letztes Erdenleben nochmals wahr.

Nehmen wir z. B. an, der Tote habe einen/ lieben Freund am Ende seines Erdenlebens/ zurückgelassen; er steht nun in seinem Be/wußtsein noch im Zusammenhange mit dies/em Freunde, indem er zunächst auf das ver/flossene Erdenleben zurückschaut wie er mit/ dem Freunde fühlte; so schließt sich der Zusam/menhang mit dem Zurückgelassenen und so/ auch mit einem lieben Toten, der schon in der/

geistigen Welt ist und einst mit ihm währ/end des Erdenlebens zusammen war. So also/ lebt der Abgeschiedene mit den ihm bekann/ten Personen wie durch einen telepathischen/ Anschluß vereinigt weiter, er lebt mit ihnen/ geisthaftig, ist nicht von ihnen getrennt, aber/ alles dies kommt immer nur auf dem/ Umwege durch's eigene Erdenleben zu Stande./ Die Welt des Toten besteht aus Menschen,/ die durch die Pforte des Todes gegangen sind,/ und mit ihm auf Erden gelebt haben in/ freundlichen oder feindlichen Beziehungen. Über/ einen solchen Kreis gehen die ersten Jahre/ nicht hinaus. Abgesehen von den ersten Kind/heitsjahren dauert ein solches Erleben etwa/ zwei Jahrzehnte, wobei es gleichgültig ist, ob/ der Tote 25 oder 55 Jahre, oder noch länger/ nach seiner Kindheit auf der Erde zugebracht/ hat, und während dieser zwei Jahrzehnte/ besteht dieses Herausragen der Seelenkräfte/ aus dem letzten Erdenleben im fühlenden/ Wollen und wollenden Fühlen.

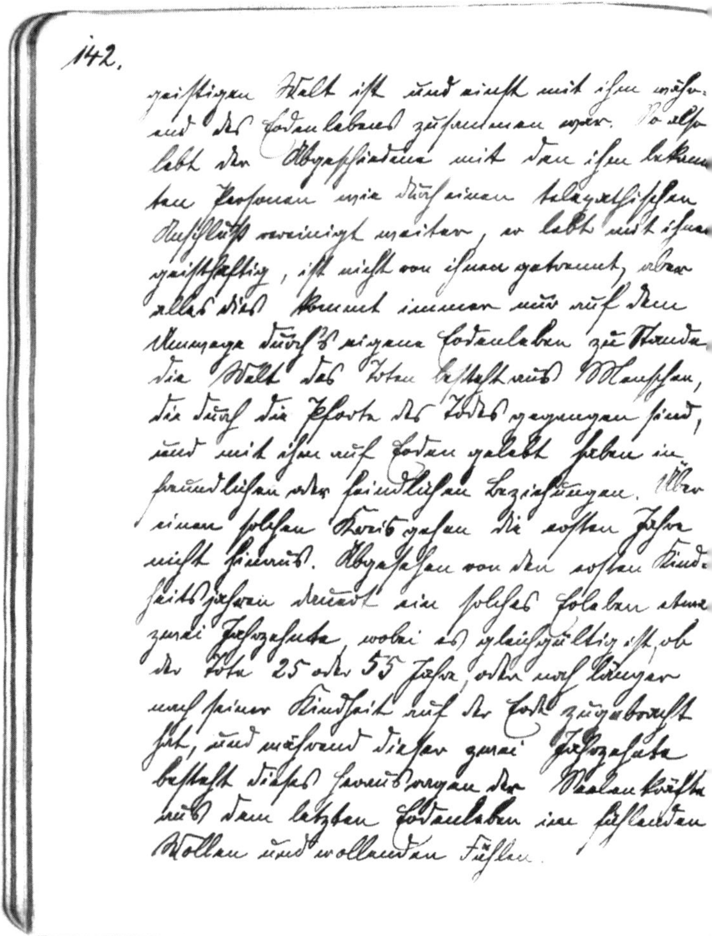
142.

geistigen Welt ist und einst mit ihm wäh-
rend des Erdenlebens zusammen war. So also
lebt der Abgeschiedene mit den ihm bekann-
ten Personen wie durch einen telepathischen
Anschluß vereinigt weiter, er lebt mit ihnen
geisthaftig, ist nicht von ihnen getrennt, aber
alles dies kommt immer nur auf dem
Umwege durch's eigene Erdenleben zu Stande.
Die Welt des Toten besteht aus Menschen,
die durch die Pforte des Todes gegangen sind,
und mit ihm auf Erden gelebt haben in
freundlichen oder feindlichen Beziehungen. Über
einen solchen Kreis gehen die ersten Jahre
nicht hinaus. Abgesehen von den ersten Kind-
heitsjahren dauert ein solches Erleben etwa
zwei Jahrzehnte, wobei es gleichgültig ist, ob
der Tote 25 oder 55 Jahre, oder noch länger
nach seiner Kindheit auf der Erde zugebracht
hat, und während dieser zwei Jahrzehnte
besteht dieses Herausragen der Seelenkräfte
aus dem letzten Erdenleben im fühlenden
Wollen und wollenden Fühlen.

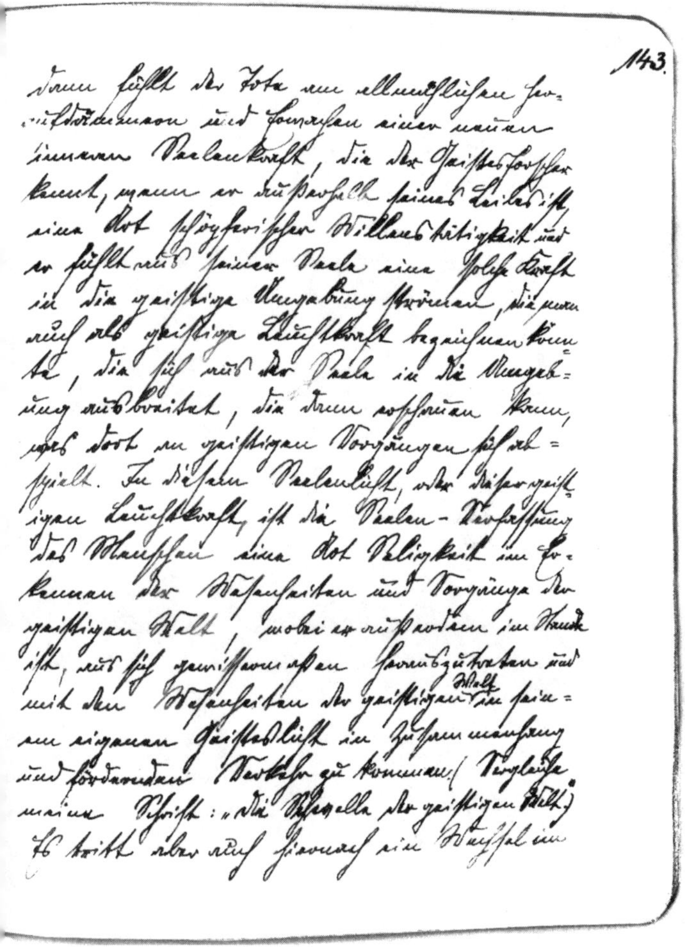

Dann fühlt der Tote am allmählichen Her/ aufdämmern und Erwachen einer neuen/ inneren Seelenkraft, die der Geistesforscher/ kennt, wenn er außerhalb seines Leibes ist,/ eine Art schöpferischer Willenstätigkeit und/ er fühlt aus seiner Seele eine solche Kraft/ in die geistige Umgebung strömen, die man/ auch als geistige Leuchtkraft bezeichnen könn/te, die sich aus der Seele in die Umgeb/ung ausbreitet, die dann erschauen kann,/ was dort an geistigen Vorgängen sich ab/spielt. In diesem Seelenlicht, oder dieser geist/igen Leuchtkraft, ist die Seelen-Verfassung/ des Menschen eine Art Seligkeit im Er/kennen der Wesenheiten und Vorgänge der/ geistigen Welt, wobei er außerdem im Stande/ ist, aus sich gewissermaßen herauszutreten und/ mit den Wesenheiten der geistigen [Welt] in sein/em eigenen Geisteslicht in Zusammenhang/ und fördernden Verkehr zu kommen. (Vergleiche/ meine Schrift: «Die Schwelle der geistigen Welt».)/ Es tritt aber auch hiernach ein Wechsel im/

Erleben ein; denn die Seele fühlt wie die/ von ihr aus strahlende kreative, schöpferische/ Leuchtkraft allmählich abdämmert, daß/ es nach und nach geistig dunkler in ihrer/ Umgebung wird, bis sich ihr Erleben in/ eine andere Art, nämlich in ein seliges Er/fühlen wandelt, das aber wechselt mit dem/ weniger befriedigenden Gefühl der Einsam/keit in geistiger Dunkelheit, in der die/ Seele völlig allein mit sich ist, allein/ mit dem, was aus ihrem Innern heraus/quillt als ein Überdenken, ein Nacher/leben dessen, was sie in dem vorangegang/enen Ausstrahlen durchgemacht hat. Ist/ so der Tote in diesen Nachklängen bis/ zum völligen Durcharbeiten derselben mit/ sich allein geblieben, so werden diese Nach/klänge wieder lebhafter, sie wandeln sich/ in das Wieder-Erfühlen der früheren schöpfer/ischen Kraft, bis er sich bei einem erneuten/ Verstärken derselben, neu erwachend wieder/ mit anderen geistigen Wesenheiten in der/

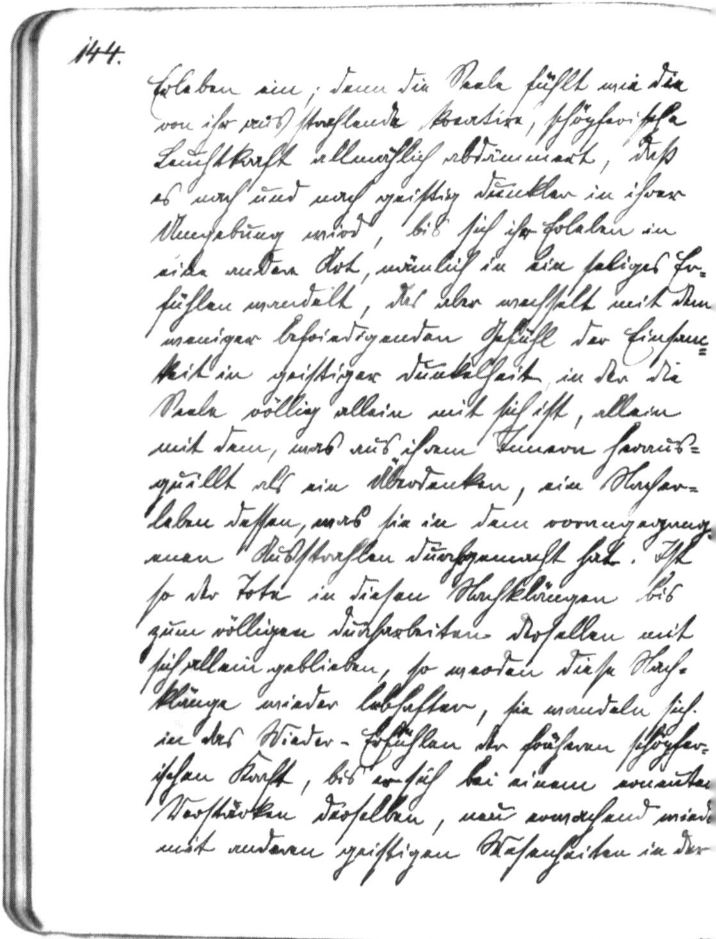

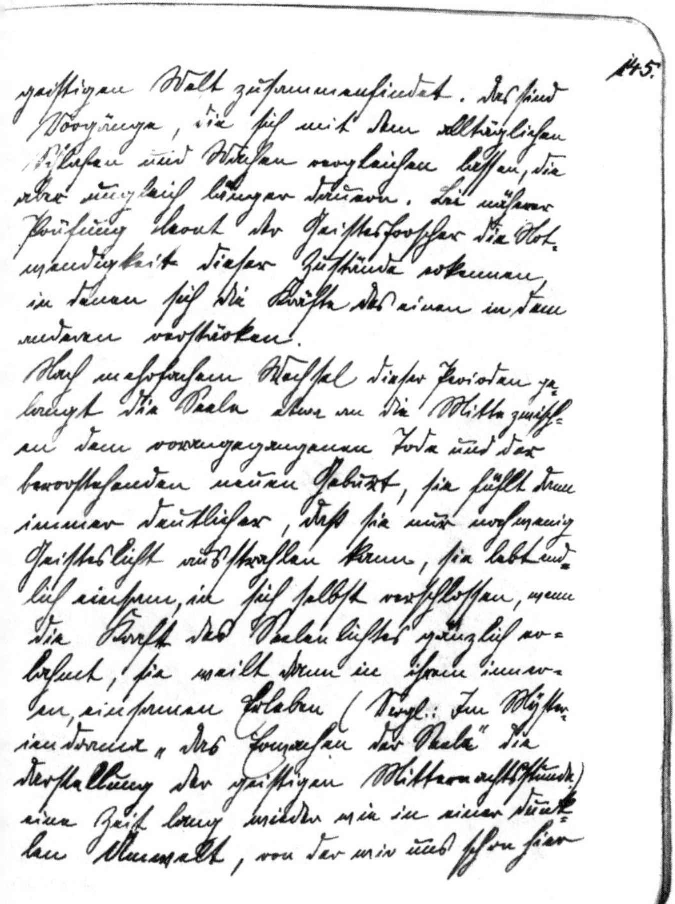

145.

geistigen Welt zusammenfindet. Das sind/ Vorgänge, die sich mit dem alltäglichen/ Schlafen und Wachen vergleichen lassen, die/ aber ungleich länger dauern. Bei näherer/ Prüfung lernt der Geistesforscher die Not/wendigkeit dieser Zustände erkennen,/ in denen sich die Kräfte des einen in dem/ anderen verstärken.

Nach mehrfachem Wechsel dieser Perioden ge/langt die Seele etwa an die Mitte zwisch/en dem vorangegangenen Tode und der/ bevorstehenden neuen Geburt, sie fühlt dann/ immer deutlicher, daß sie nur noch wenig/ Geisteslicht ausstrahlen kann, sie lebt end/lich einsam, in sich selbst verschlossen, wenn/ die Kraft des Seelenlichtes gänzlich er/lahmt, sie weilt dann in ihrem inner/en, einsamen Erleben (Vergl.: Im Mysteriendrama «Das Erwachen der Seele» die/ Darstellung der geistigen Mitternachtsstunde.)/ eine Zeit lang wieder wie in einer dunk/len Umwelt, von der wir uns schon hier/

eine Vorstellung bilden können, wenn/ wir alle Eindrücke unserer Umwelt/ von uns ausschalten und uns völlig auf/ uns selbst konzentrieren.

Nachdem dieses alles durchlebt ist, erhebt/ sich dann die Seelenkraft des Abgeschied/enen zu einer ganz anderen Bedeutung./ So ist z. B. die Sehnsucht im Erdenleben/ etwas Passives, aber eine solche Seelenkraft/ ist zwischen Tod und einer neuen Geburt/ von einer ganz anderen Wertigkeit. In/ der geistigen Mitternachtsstunde erwacht/ die Sehnsucht aus diesem Zustande her/auszukommen, sie ist aber dann eine/ schöpferische Sehnsucht, eine positive, schöpfer/ische Kraft, die dann eine Außenwelt/ vor uns hinstellt, die eben so wohl eine/ Innenwelt ist. Es erscheint dann immer/ deutlicher vor unseren Blicken auftauchend,/ wie aus ferner Vergangenheit, das Bild/ unseres vergangenen Erdenlebens, das/ die Seele nun mit allen seinen Eigen/

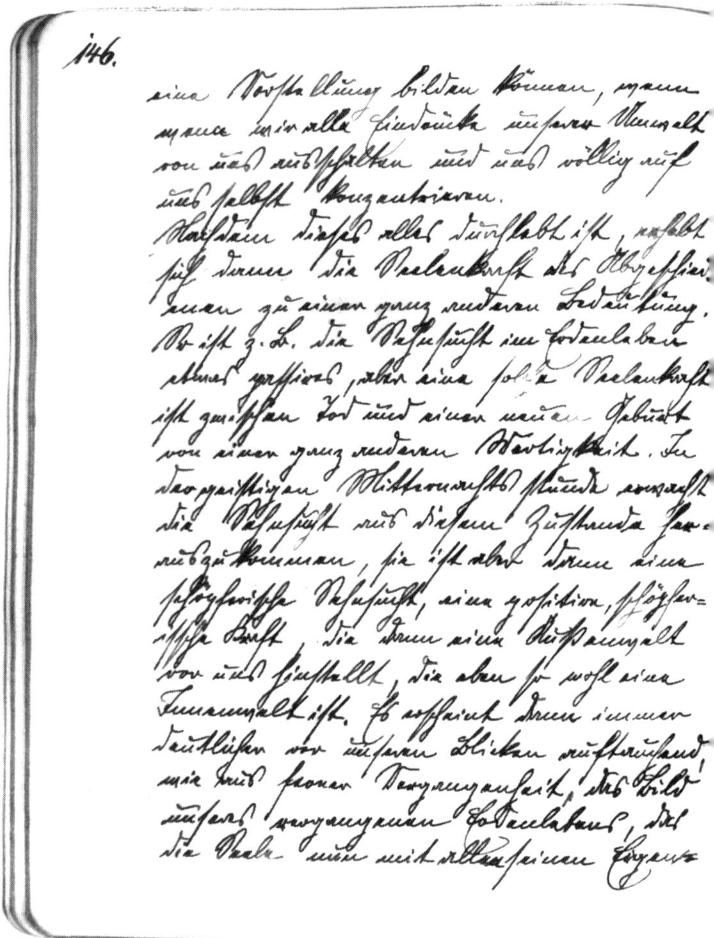
146.
eine Vorstellung bilden können, wenn
wir alle Eindrücke unserer Umwelt
von uns ausschalten und uns völlig auf
uns selbst konzentrieren.
Nachdem dieses alles durchlebt ist, erhebt
sich dann die Seelenkraft des Abgeschied-
enen zu einer ganz anderen Bedeutung.
So ist z. B. die Sehnsucht im Erdenleben
etwas Passives, aber eine solche Seelenkraft
ist zwischen Tod und einer neuen Geburt
von einer ganz anderen Wertigkeit. In
der geistigen Mitternachtsstunde erwacht
die Sehnsucht aus diesem Zustande her-
auszukommen, sie ist aber dann eine
schöpferische Sehnsucht, eine positive, schöpfer-
ische Kraft, die dann eine Außenwelt
vor uns hinstellt, die eben so wohl eine
Innenwelt ist. Es erscheint dann immer
deutlicher vor unseren Blicken auftauchend,
wie aus ferner Vergangenheit, das Bild
unseres vergangenen Erdenlebens, das
die Seele nun mit allen seinen Eigen-

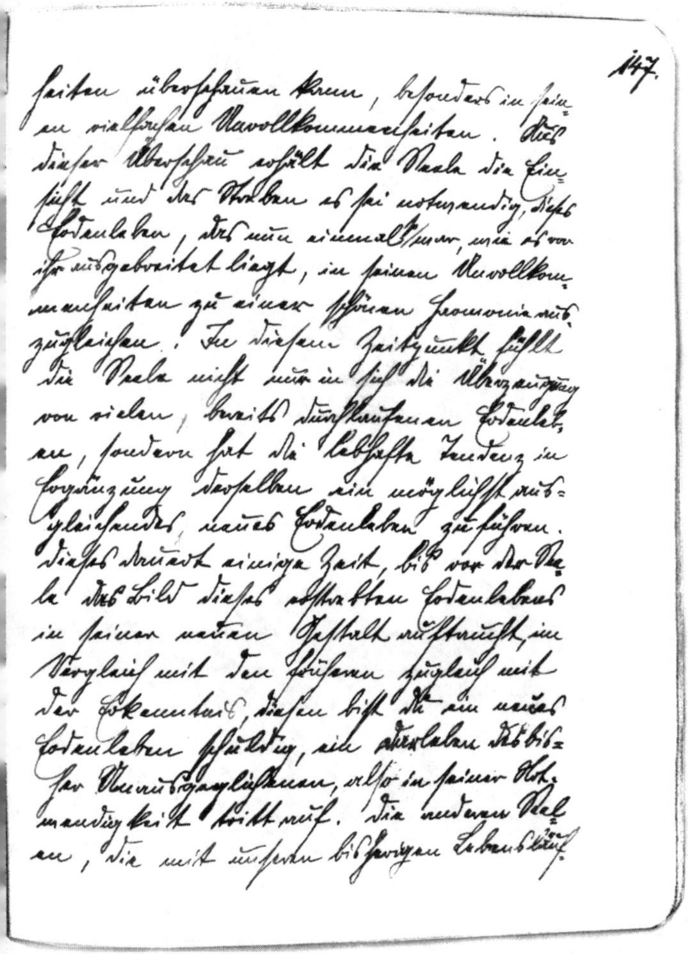

heiten überschauen kann, besonders in sein/en vielfachen Unvollkommenheiten. Aus/ dieser Überschau erhält die Seele die Ein/sicht und das Streben es sei notwendig, dieses/ Erdenleben, das nun einmal [so] war, wie es vor/ ihr ausgebreitet liegt, in seinen Unvollkom/menheiten zu einer schönen Harmonie aus/zugleichen. In diesem Zeitpunkt fühlt/ die Seele nicht nur in sich die Überzeugung/ von vielen[,] bereits durchlaufenen Erdenleb/en, sondern hat die lebhafte Tendenz in/ Ergänzung derselben ein möglichst aus/gleichendes, neues Erdenleben zu führen./ Dieses dauert einige Zeit, bis vor der See/le das Bild dieses erstrebten Erdenlebens/ in seiner neuen Gestalt auftaucht, im/ Vergleich mit den früheren zugleich mit/ der Erkenntnis, diesen bist du ein neues/ Erdenleben schuldig, ein Darleben des bis/her Unausgeglichenen, also in seiner Not/wendigkeit tritt auf. Die anderen Seel/en, die mit unseren bisherigen Lebensläuf/

en in Beziehungen standen, erleben in/ ihrem fühlenden Wollen und wollenden/ Fühlen etwas Ähnliches und dieses bewirkt,/ daß jene Selen mit uns zusammen/ nun wieder in ein neues Erdenleben/ eintreten und wir dadurch Gelegenheit/ finden, etwas Unausgeglichenes aus/zugleichen. So taucht dann die nächste und/ allmählich die weitere Umgebung unseres/ kommenden Lebens vor uns auf, die persön/lichen Beziehungen in Liebe und Abneigung/ treten auf, das Volk mit dem die Seele/ vereinigt werden wird. Sie lernt die Kräf/te kennen, die sie ihrem fühlenden Wollen/ einpflanzen muß, um auf dem angedeute/ten Wege weiter zu kommen und es werd/en so die Tendenzen vorbereitet, um ein/ neues Erdenleben allmählich in immer bestimm/teren Umrissen darzulegen und einzuleiten./ Diese schöpferische Imagination ist es vor/ allem, die als innere Kraft für die Ausgestalt/ung des kommenden Erdenlebens wirkt. Außer/

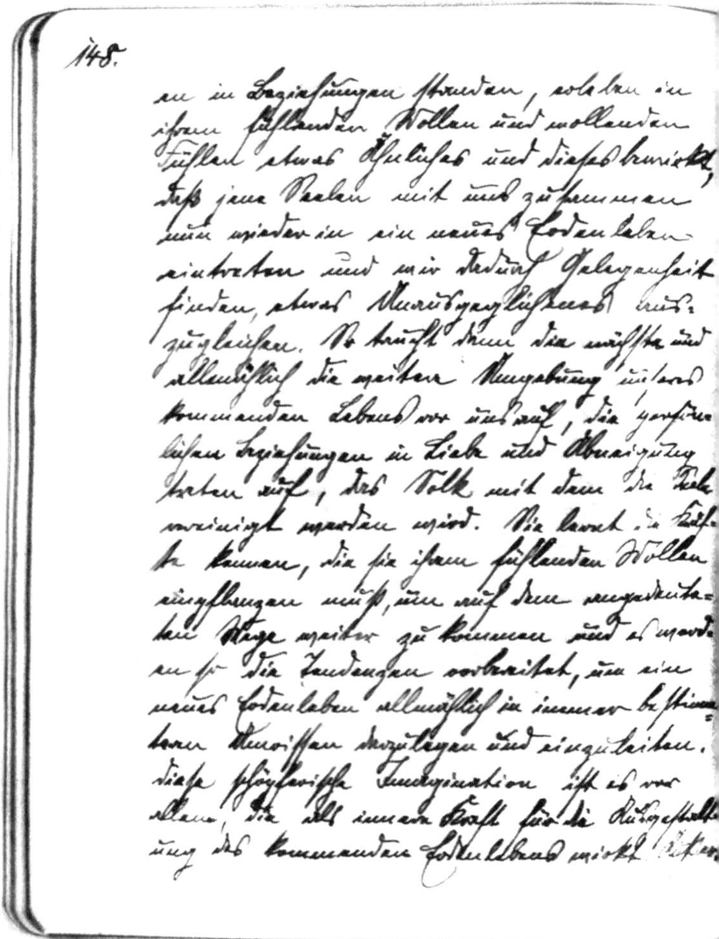

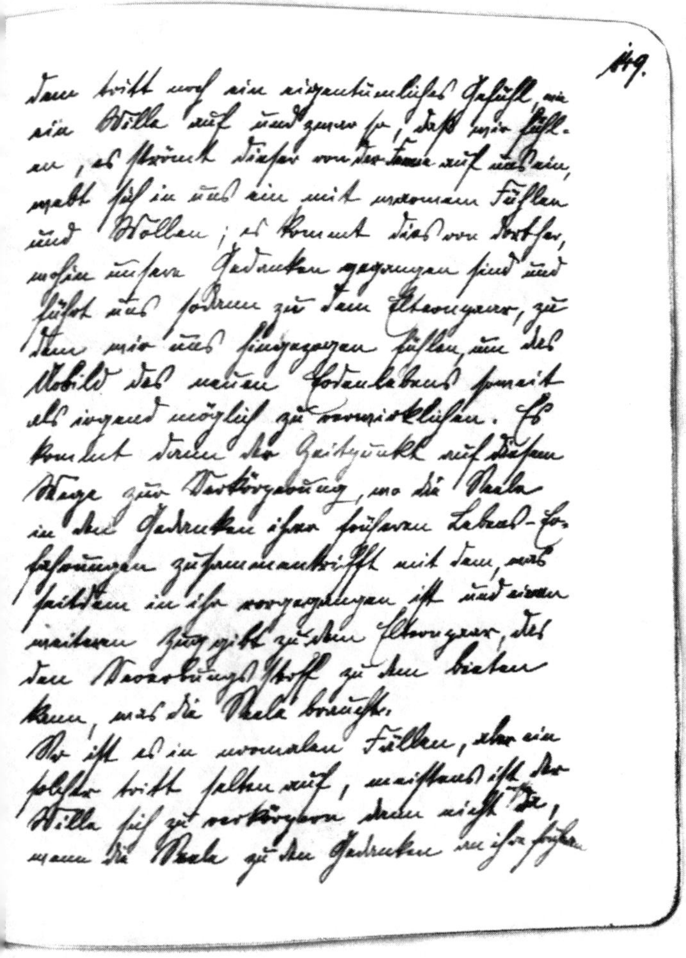

dem tritt noch ein eigentümliches Gefühl, wie/ ein Wille auf und zwar so, daß wir fühl/en, es strömt dieser von der Ferne auf uns ein,/ webt sich in uns ein mit warmem Fühlen/ und Wollen; es kommt dies von dort her,/ wohin unsere Gedanken gegangen sind und/ führt uns sodann zu dem Elternpaar, zu/ dem wir uns hingezogen fühlen, um das/ Urbild des neuen Erdenlebens soweit/ als irgend möglich zu verwirklichen. Es/ kommt dann der Zeitpunkt auf diesem/ Wege zur Verkörperung, wo die Seele/ in den Gedanken ihrer früheren Lebens-Er/fahrungen zusammentrifft mit dem, was/ seitdem in ihr vorgegangen ist und einen/ weiteren Zug gibt zu dem Elternpaar, das/ den Vererbungsstoff zu dem bieten/ kann, was die Seele braucht.

So ist es in normalen Fällen, aber ein/ solcher tritt selten auf, meistens ist der/ Wille sich zu verkörpern dann nicht [erst] da,/ wenn die Seele zu den Gedanken an ihre früheren/

Erdenleben kommt, die ihr wie gesagt ent/gegentreten, sondern vielfach schon früher/ und dann entsteht ein Erdenleben, das gleich/sam einen Niedergang bedeutet. Wenn/ dagegen jenes Zusammentreffen in richtiger/ Art erfolgt, dann kommt ein fördernder/ Ausgleich mit dem zu Stande, was die/ naturgemäße Folge der vorhergegangenen/ Erdenleben sein wird. Gerade hier können/ die Ergebnisse der Geisteswissenschaft auf/klärend wirken, da ja der Geistesforscher in der/ Lage ist ein Verständnis für die Eigentüm/lichkeit einer jeden Seele zu entwikkeln. Nehmen wir an, er steht einer Verbrecherseele/ gegenüber, in seinem tiefen Mitleid mit/ ihr erkennt er, wie sie sich eigentümlich so/ darlebt, daß sie die ihr von der Ferne zu/strömenden Gedanken nicht recht erwarten/ will, sondern, in ihrem Trieb sich zu verkörpern,/ zu einer geistigen Frühgeburt kommt und/ trotz dieses zum physischen Leben drängend/en Triebes tragen, diese [Menschen] im Erdenleben eine/

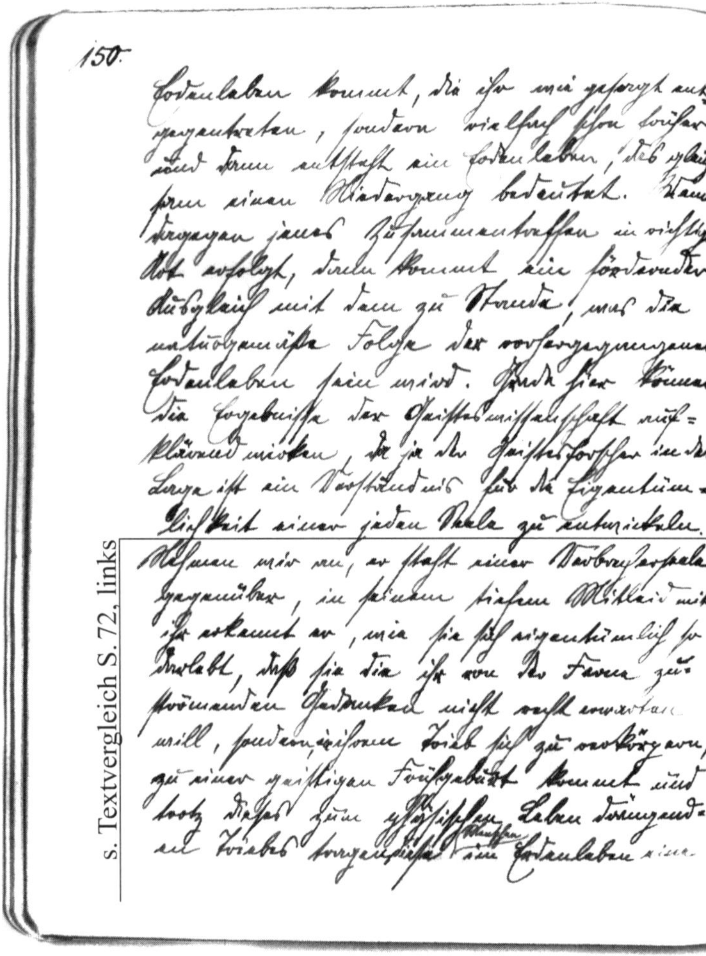

s. Textvergleich S. 72, links

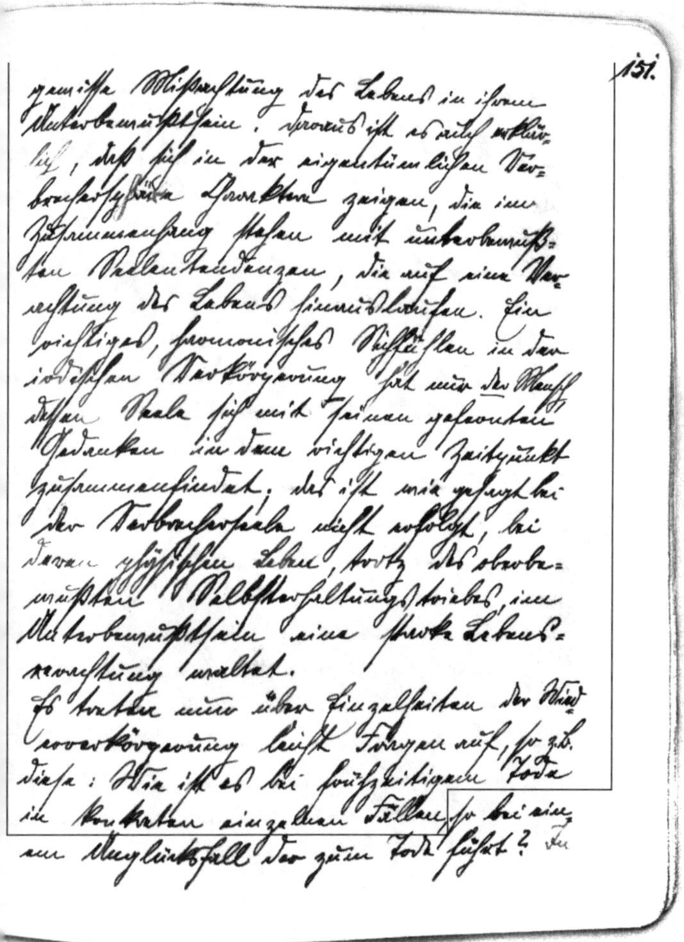

gewisse Mißachtung des Lebens in ihrem/ Unterbewußtsein. Daraus ist es auch erklär/lich, daß sich in der eigentümlichen Ver/brechersphäre Charaktere zeigen, die im/ Zusammenhang stehen mit unterbewuß/ten Seelentendenzen, die auf eine Ver/achtung des Lebens hinauslaufen. Ein/ richtiges, harmonisches Sichfühlen in der/ irdischen Verkörperung hat nur *der* Mensch,/ dessen Seele sich mit seinen gefernten/ Gedanken in dem richtigen Zeitpunkt/ zusammenfindet; das ist wie gesagt bei/ der Verbrecherseele nicht erfolgt, bei/ deren physischen Leben, trotz des oberbe/wußten Selbsterhaltungstriebes, im/ Unterbewußtsein eine starke Lebens/verachtung waltet.

Es treten nun über Einzelheiten der Wied/erverkörperung leicht Fragen auf, so z.B./ diese: Wie ist es bei frühzeitigem Tode in konkreten einzelnen Fällen, so bei ein/em Unglücksfall der zum Tode führt? In/

einem solchen Falle hätte also die Seele ihren/ irdisch-physischen Leib noch nicht verlassen/ sollen und daher sieht sie dann die geist/ige Welt an durch den Schleier derjenigen/ Kräfte, mit denen sie hier im irdischen/ Leben noch hätte wirken sollen; die/ geistige Welt tritt ihr dadurch anders ent/gegen, als wenn der Tod im hohen Alter/ eingetreten wäre. Bei den unverbrauchten/ Lebenskräften hat d. Mensch auch nach seinem/ vorzeitigen, physischen Tode manches in der/ Seele bewahrt, das ihm dann in der geistig/en Welt in gewisser Richtung ein Wirken/ mit größeren Kräften ermöglicht. So/ klärt sich manches auf trotz der von einander/ geschiedenen Welten. Es ist nun allerdings/ nicht möglich zu sagen, daß ein Leben vor/zeitig geendet werden dürfe, um im/ Leben in der geistigen Welt und allenfalls/ auch im späteren Erdenleben stärkere Kräfte/ erreichen zu können, es muß vielmehr im/mer die Möglichkeit gesucht werden, das be/

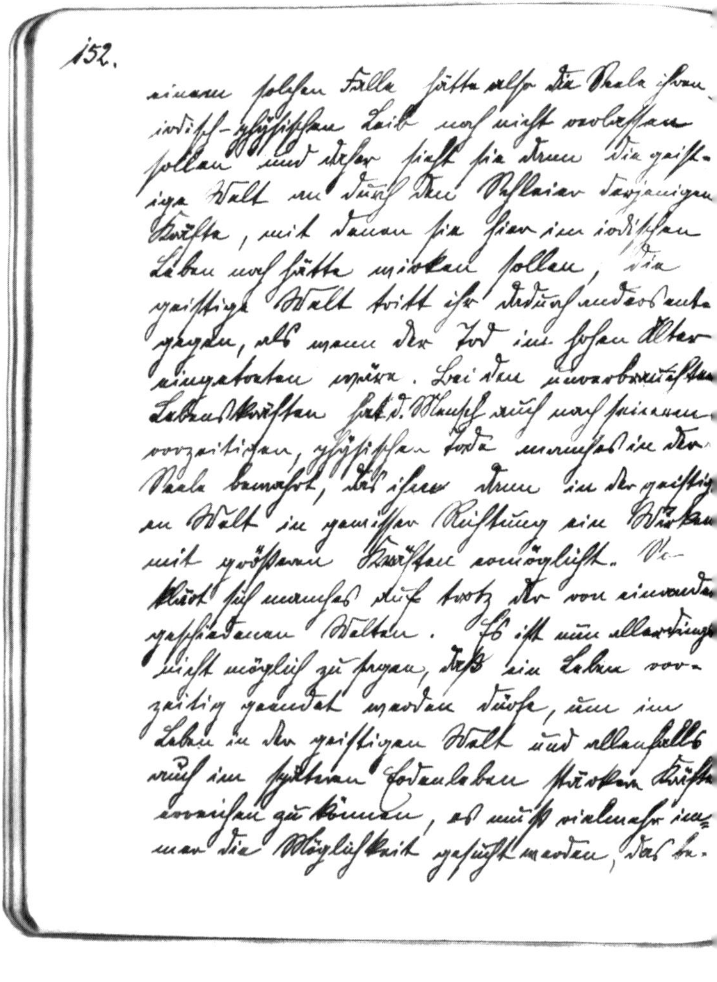

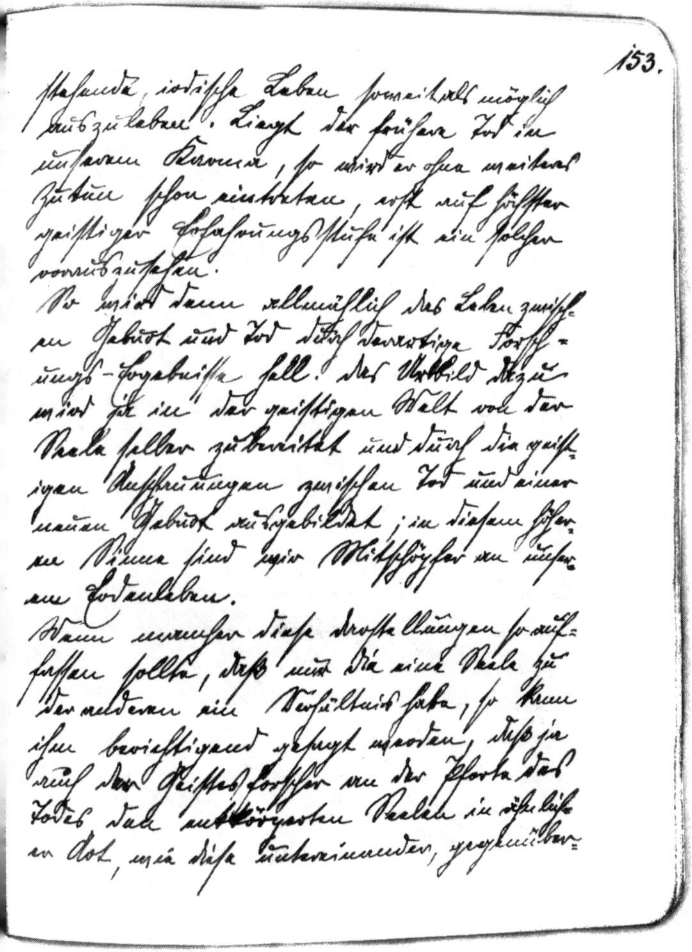

stehende, irdische Leben so weit als möglich/ auszuleben. Liegt der frühere Tod in/ unserem Karma, so wird er ohne weiteres/ Zutun schon eintreten, erst auf höchster/ geistiger Erfahrungsstufe ist ein solcher/ vorauszusehen.

So wird dann allmählich das Leben zwisch/en Geburt und Tod durch derartige Forsch/ungs-Ergebnisse hell. Das Urbild dazu/ wird ja in der geistigen Welt von der/ Seele selber zubereitet und durch die geist/igen Anschauungen zwischen Tod und einer/ neuen Geburt ausgebildet; in diesem höher/en Sinne sind wir Mitschöpfer an unser/em Erdenleben.

Wenn mancher diese Darstellungen so auf/fassen sollte, daß nur die eine Seele zu/ der anderen ein Verhältnis habe, so kann/ ihm berichtigend gesagt werden, daß ja/ auch der Geistesforscher an der Pforte des/ Todes den entkörperten Seelen in ähnlich/er Art, wie diese untereinander, gegenüber/

steht und dadurch ist die Möglichkeit dazu/ gegeben, um etwas über den Tod zu erfahren./ Die Seele hat nach dem irdischen Tode auch/ fernerhin ihre Gedanken über lebende Form/en der Außenwelt mit deren lebenden/ Fühlen, Begehren und Wollen, das ist aber/ erst zu entdecken, wenn die Seele beim/ Geistesforscher aus dem Leibe herausgeht u./ sie wie die anderen Seelen beobachten kann./ Die Dinge der physischen Außenwelt haben/ ihre Eigenschaften, die man vielfach durch/ die Sinne wahrnehmen kann, philosoph/ische Untersuchungen kann man anstellen,/ ohne Geistesforscher zu sein, aber erst wenn/ man das ist weiß man, die Seele hat/ andere Schicksale als der Leib, sie trägt die/ Unsterblichkeit in sich und pflegt in sich den/ Keim eines neuen Erdenlebens. Wie der/ Keim in der lebenden Pflanze nach dem/ Verwelken zu einer neuen Pflanze wird,/ so gelangt der Keim in der Seele nach/ dem Durchgange durch das Geistesleben zu ein/

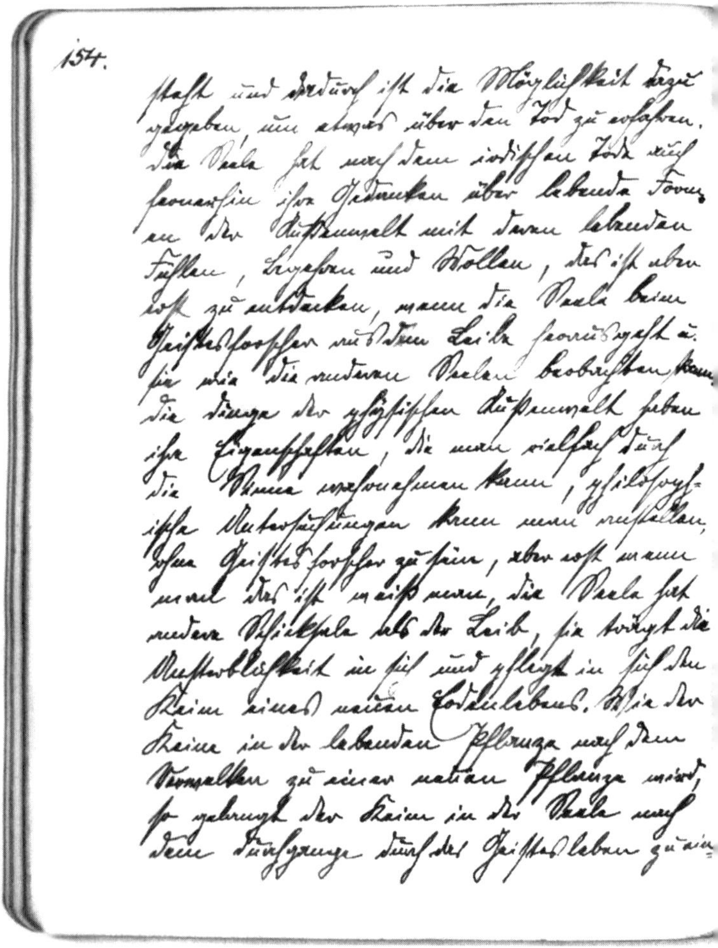
154.
steht und dadurch ist die Möglichkeit dazu
gegeben, um etwas über den Tod zu erfahren.
Die Seele hat nach dem irdischen Tode auch
fernerhin ihre Gedanken über lebende Form
en der Außenwelt mit deren lebenden
Fühlen, Begehren und Wollen, das ist aber
erst zu entdecken, wenn die Seele beim
Geistesforscher aus dem Leibe herausgeht u.
sie wie die anderen Seelen beobachten kann.
Die Dinge der physischen Außenwelt haben
ihre Eigenschaften, die man vielfach durch
die Sinne wahrnehmen kann, philosoph-
ische Untersuchungen kann man anstellen,
ohne Geistesforscher zu sein, aber erst wenn
man das ist weiß man, die Seele hat
andere Schicksale als der Leib, sie trägt die
Unsterblichkeit in sich und pflegt in sich den
Keim eines neuen Erdenlebens. Wie der
Keim in der lebenden Pflanze nach dem
Verwelken zu einer neuen Pflanze wird,
so gelangt der Keim in der Seele nach
dem Durchgange durch das Geistesleben zu ein-

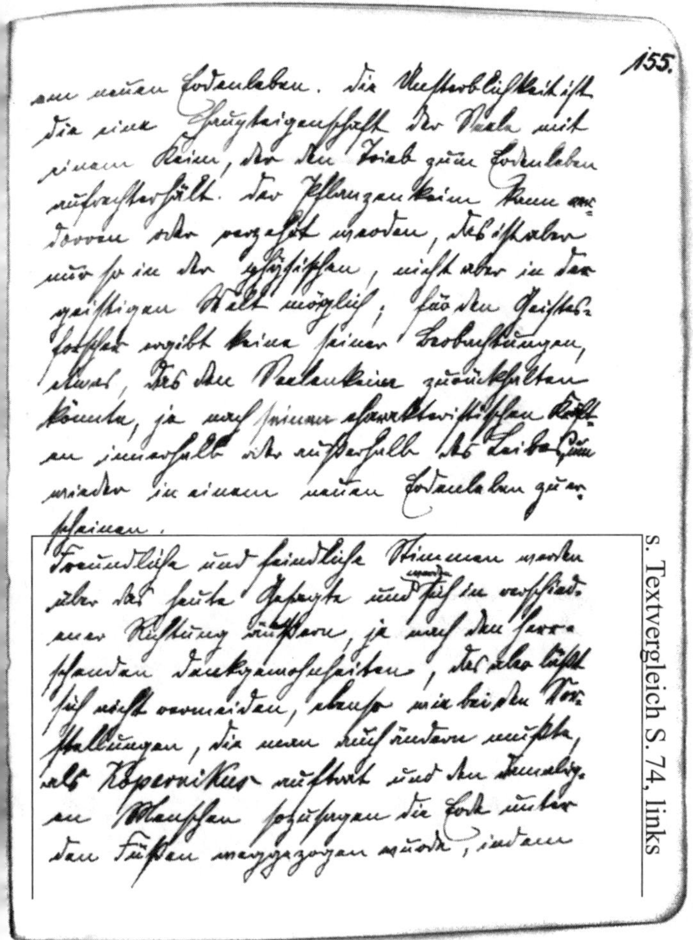

s. Textvergleich S. 74, links

em neuen Erdenleben. Die Unsterblichkeit ist/ die eine Haupteigenschaft der Seele mit/ einem Keim, der den Trieb zum Erdenleben/ aufrechterhält. Der Pflanzenkeim kann ver/dorren oder verzehrt werden, das ist aber/ nur so in der physischen, nicht aber in der/ geistigen Welt möglich; für den Geistes/forscher ergibt keine seiner Beobachtungen,/ etwas, das den Seelenkeim zurückhalten/ könnte, je nach seinen charakteristischen Kräft/en innerhalb oder außerhalb des Leibes, um/ wieder in einem neuen Erdenleben zu er/scheinen.

Freundliche und feindliche Stimmen werden/ über das heute Gesagte und [werden] sich in verschied/ener Richtung äußern, je nach den herr/schenden Denkgewohnheiten, das aber läßt/ sich nicht vermeiden, ebenso wie bei den Vor/stellungen, die man auch ändern mußte,/ als Kopernikus auftrat und den damalig/en Menschen sozusagen die Erde unter/ den Füßen weggezogen wurde, indem/

er lehrte, die Erde bewege sich mit rasender/ Geschwindigkeit durch den Weltenraum, aber/ ihr gegenüber stehe gewissermaßen die Sonne/ still, ganz entgegen der früheren Denkge/wohnheit. Für den Geistesforscher ist es/ möglich zu schauen, was die menschliche/ Sehnsucht erfahren möchte, wie es außerhalb/ des Erdenlebens vor sich geht u. wie dieser/ geistige Kopernikanismus zu erreichen/ ist. Die Naturwissenschaft wollte zu den/ Zeiten des Kopernikus in rückschrittlicher/ Weise in dessen Anschauungen sich nicht/ vertiefen, dessen Werke waren lange/ Zeit auch von der Kirche verpönt, aber/ die Wahrheit [dringt] doch durch die dünnsten Spalt/en. Und wie des Kopernikus und/ des Giordano Bruno Anschauungen/ sich in die widerstrebenden Denkgewohn/heiten der Menschen einlebten, so/ wird sich auch als neue geistige Weltan/schauung die einleben, daß sich das geist/ige Firmament des irdischen Lebens er/

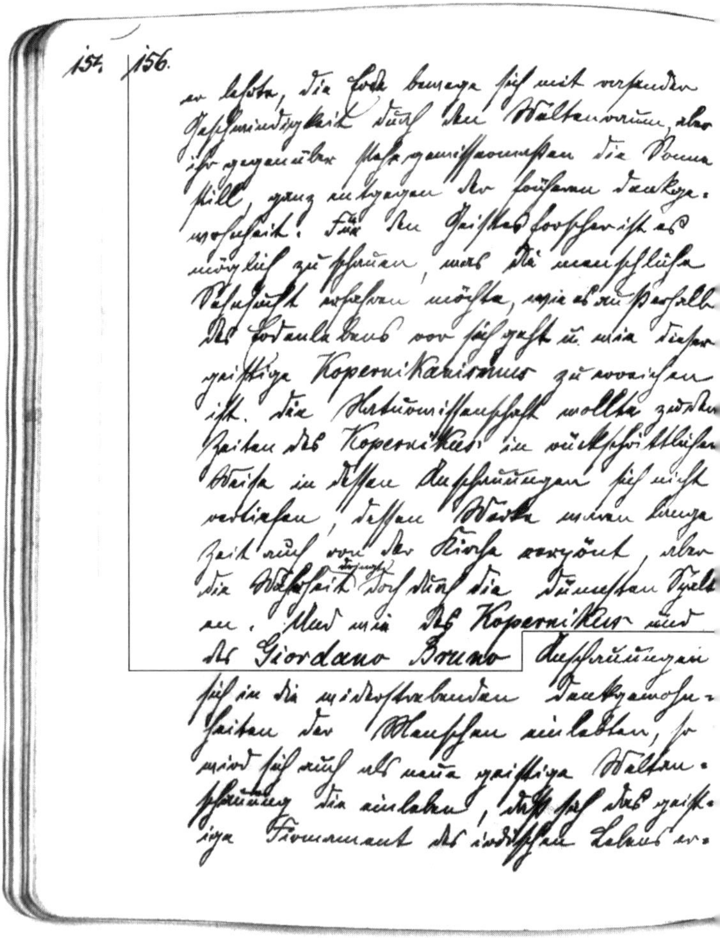

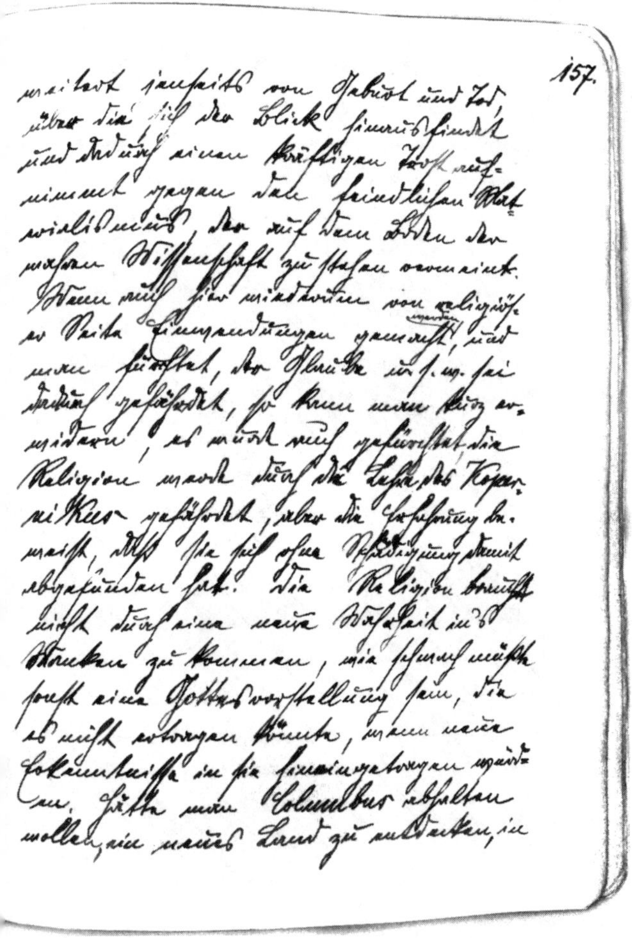

weitert jenseits von Geburt und Tod,/ über die sich der Blick hinausfindet/ und dadurch einen kräftigen Trost auf/ nimmt gegen den feindlichen Mat/erialismus, der auf dem Boden der/ wahren Wissenschaft zu stehen vermeint./ Wenn auch hier wiederum von religiös/er Seite Einwendungen gemacht [werden], und/ man fürchtet, der Glaube u. s. w. sei/ dadurch gefährdet, so kann man kurz er/widern, es wurde auch gefürchtet, die/ Religion werde durch die Lehre des Koper/nikus gefährdet, aber die Erfahrung be/weist, daß sie sich ohne Schädigung damit/ abgefunden hat. Die Religion braucht/ nicht durch eine neue Wahrheit in's/ Wanken zu kommen, wie schwach müßte/ sonst eine Gottesvorstellung sein, die/ es nicht ertragen könnte, wenn neue/ Erkenntnisse in sie hineingetragen würd/en. Hätte man Columbus abhalten/ wollen, ein neues Land zu entdecken, in/

der irrtümlichen Meinung, daß dort die/ Sonne nicht so scheinen könnte, wie in/ den bekannten Erdteilen, so sieht heute jeder/ das Törichte eines solchen Tuns ein. So/ weiß auch heute schon der Geistesforscher, die/ Welt des Geistes wird nach und nach den/ Menschen erschlossen werden können, und/ mögen sich auch die Vorstellungen der land/läufigen Religion gegen die seinigen/ stemmen, so wird doch noch einstmals die/ Sonne die Aufnahme seiner neuen Ent/deckungen beleuchten. Mancher wird/ leicht einwenden, da wird ja des Koperni/kus Anschauung mit der vorgeblichen Geist/eswissenschaft verwechselt, insofern als ja/ erstere wirkliche Tatsachen entdeckt/ habe, diese Geisteswissenschaft aber nur Be/hauptungen vorbringen könne. Armer/ Geistesschlucker, was weißt du von den Tat/sachen der Kopernikanischen Weltanschau/ung, was hast du je von diesen selbst wirk/lich erfahren, liegt nicht dasselbe vor heute/

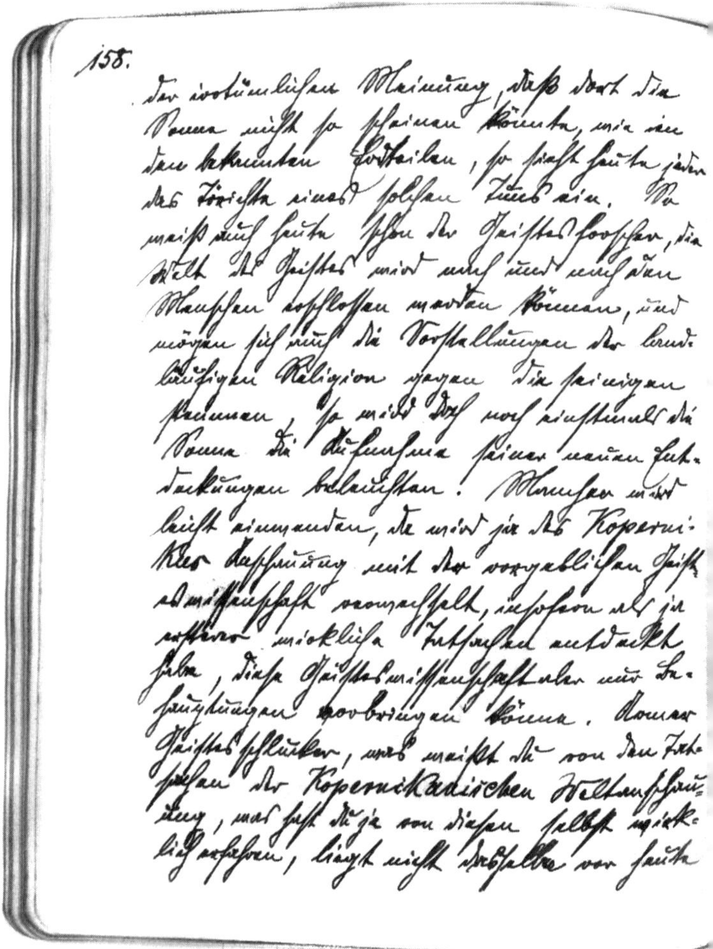

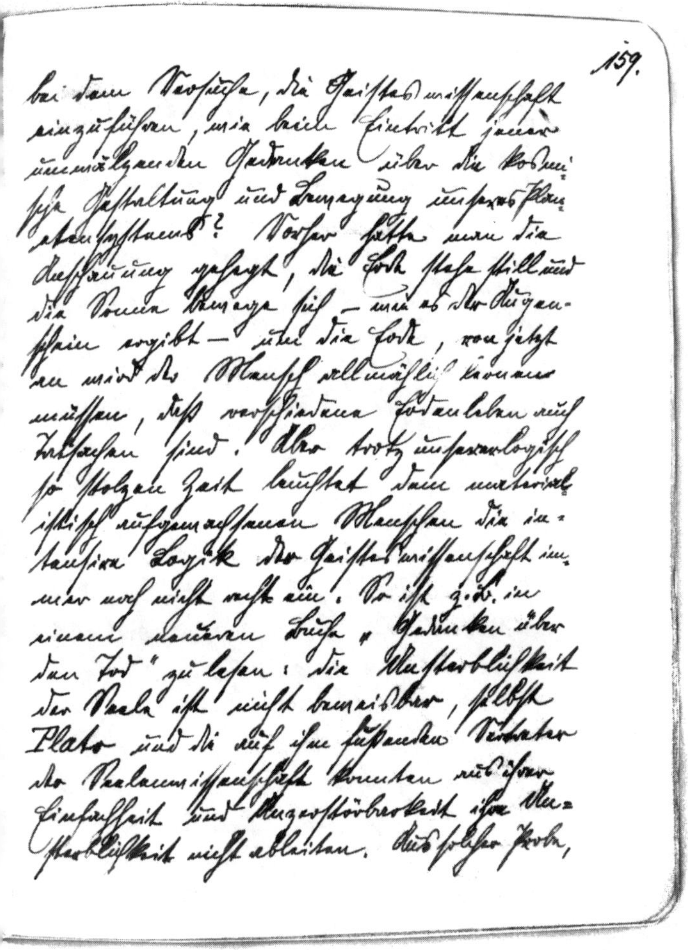

159.

bei dem Versuche, die Geisteswissenschaft
einzuführen, wie beim Eintritt jener
umwälzenden Gedanken über die kosmi
sche Gestaltung und Bewegung unseres Plan
etensystems? Vorher hatte man die
Anschauung gehegt, die Erde stehe still und
die Sonne bewege sich – wie es der Augen
schein ergibt – um die Erde, von jetzt
an wird der Mensch allmählich lernen
müssen, daß verschiedene Erdenleben auch
Tatsachen sind. Aber trotz unserer logisch
so stolzen Zeit leuchtet dem material
istisch aufgewachsenen Menschen die in
tensive Logik der Geisteswissenschaft im
mer noch nicht recht ein. So ist z. B. in
einem neueren Buche „Gedanken über
den Tod" zu lesen: die Unsterblichkeit
der Seele ist nicht beweisbar, selbst
Plato und die auf ihm fußenden Vertreter
der Seelenwissenschaft konnten aus ihrer
Einfachheit und Unzerstörbarkeit ihre Un
sterblichkeit nicht ableiten. Aus solcher Probe,

bei dem Versuche, die Geisteswissenschaft/ einzuführen, wie beim Eintritt jener/ umwälzenden Gedanken über die kosmi/sche Gestaltung und Bewegung unseres Plan/etensystems? Vorher hatte man die/ Anschauung gehegt, die Erde stehe still und/ die Sonne bewege sich – wie es der Augen/schein ergibt – um die Erde, von jetzt/ an wird der Mensch allmählich lernen/ müssen, daß verschiedene Erdenleben auch/ Tatsachen sind. Aber trotz unserer logisch/ so stolzen Zeit leuchtet dem material/istisch aufgewachsenen Menschen die in/tensive Logik der Geisteswissenschaft im/mer noch nicht recht ein. So ist z. B. in/ einem neueren Buche «Gedanken über/ den Tod» zu lesen: Die Unsterblichkeit/ der Seele ist nicht beweisbar, selbst/ Plato und die auf ihm fußenden Vertreter/ der Seelenwissenschaft konnten aus ihrer/ Einfachheit und Unzerstörbarkeit ihre Un/sterblichkeit nicht ableiten. Aus solcher Probe,/

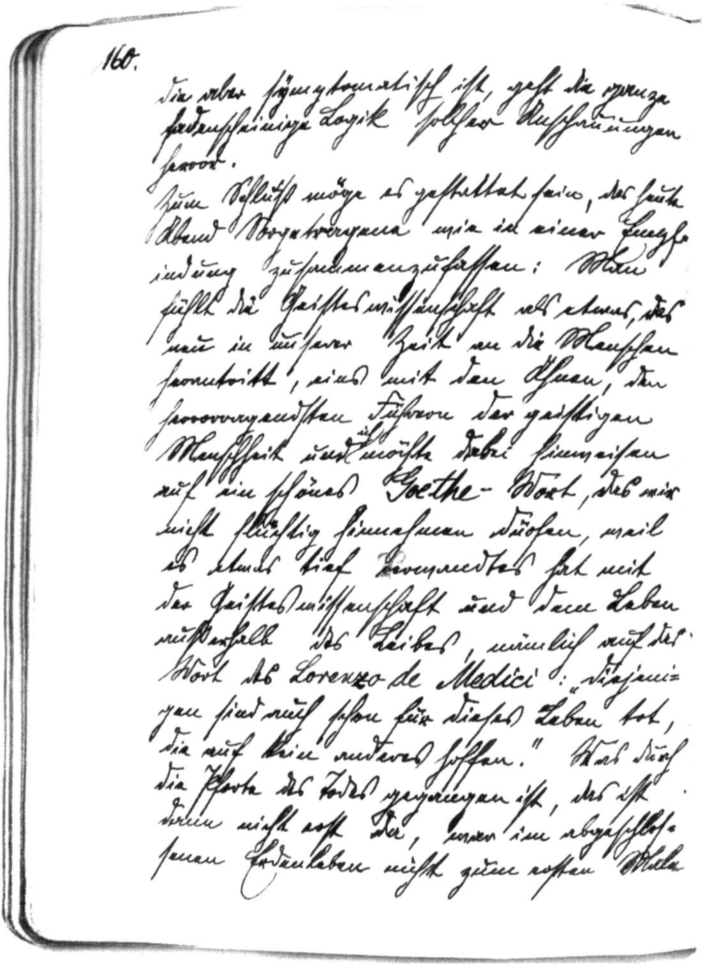

die aber symptomatisch ist, geht die ganze/ fadenscheinige Logik solcher Anschauungen/ hervor.

Zum Schluß möge es gestattet sein, das heute/ Abend Vorgetragene wie in einer Empf/indung zusammenzufassen: Man/ fühlt die Geisteswissenschaft als etwas, das/ neu in unserer Zeit an die Menschen/ herantritt, eins mit den Ahnen, den/ hervorragendsten Führern der geistigen/ Menschheit und [ich] möchte dabei hinweisen/ auf ein schönes Goethe-Wort, das wir/ nicht flüchtig hinnehmen dürfen, weil/ es etwas tief Verwandtes hat mit/ der Geisteswissenschaft und dem Leben/ außerhalb des Leibes, nämlich auf das/ Wort des Lorenzo de Medici: «Diejeni/gen sind auch schon für dieses Leben tot,/ die auf kein anderes hoffen.» Was durch/ die Pforte des Todes gegangen ist, das ist/ dann nicht erst da, war im abgeschlos/senen Erdenleben nicht zum ersten Male/

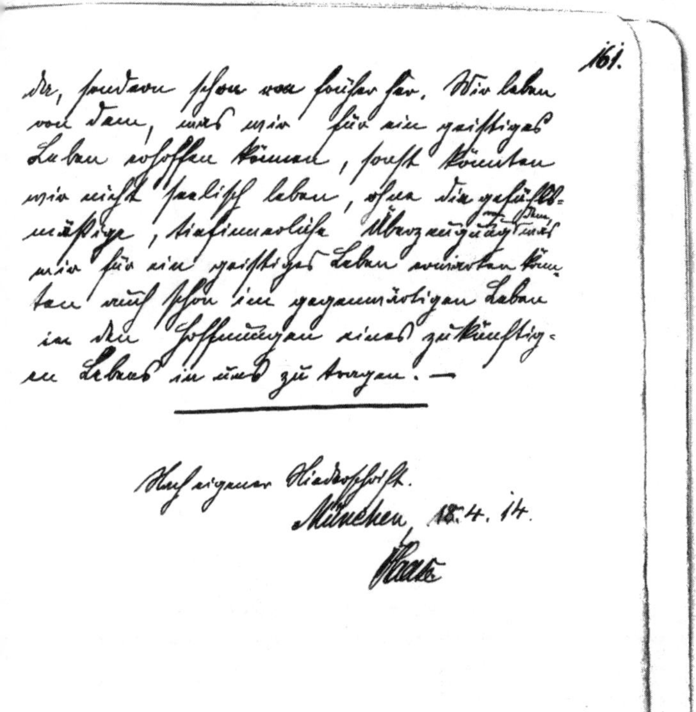

da, sondern schon von früher her. Wir leben/ von dem, was wir für ein geistiges/ Leben erhoffen können, sonst könnten/ wir nicht seelisch leben, ohne die gefühls/mäßige, tiefinnerliche Überzeugung [von dem,] was/ wir für ein geistiges Leben erwarten könn/ten auch schon im gegenwärtigen Leben/ in den Hoffnungen eines zukünftig/en Lebens in uns zu tragen. –

Nach eigener Niederschrift./
München, 18.4.14./
Haase.

X

Fragenbeantwortung zum Vortrag vom 31. März 1914, München:

"Vom Tode"

von

Dr. Rudolf Steiner.

1.) Ich war Missionar und hatte schwere Malaria, lag in Agonie. Dabei erlebte ich, wie mein ganzes Leben in schnellen, aber nicht unruhigen Bildern an mir vorüberzog, so etwa wie Bilder ohne Rahmen an einer langen Wand.

Dieses Erlebnis ist nicht Ausnahmefall, sondern ganz naturgemäss im seelischen Leben begründet. Dieses Vorüberziehen hat man nicht nur dann, wenn man stirbt, sondern jedesmal, wenn man ausserhalb seines Leibes mit seinen Seelenkräften weilt. Der Geistesforscher kann es willkürlich herbeiführen. Man findet einen solchen Fall geschildert, bei dem Kriminal-Anthropologen Maritz Benedikt; ins Wasser gefallen. Jedesmal, wenn das seelische Erleben sich loslöst tritt diese Rückerinnerung ein. Man kann also die Sache nicht anders erwarten, als sie hier geschildert wurde. Es schaut aus wie Kinematographie, weil es so schnell geht, dass es fast gleichzeitig erscheint. Durch den Vergleich mit dem Kinematographen soll nur die Schnelligkeit des Bildablaufes zum Ausdruck kommen.

2.) Kann man seine Eltern wählen und seine neue Existenz?

Der Mensch kann im geistigen Dasein seine Begriffe nicht so beziehen auf seine Wünsche wie vor dem Tode. Nur wenn man ein wirksames Ideal (aber es muss ein wirksames sein) sein will seines kommenden Erdenlebens, so kann man das Elternpaar wählen.

Vom Tode.

Oeffentlicher Vortrag von Dr. Rudolf Steiner, gehalten in München am 31. März 1914.

Der heutige Vortrag ist in gewissem Sinn ein Wagnis, die Zuhörer können zu dem Urteil kommen, dass das, was gesagt wird, in der Luft schwebt, aber ich habe hier schon so oft mich bemüht zu zeigen, wie menschliche Kenntnis zu den Quellen, aus denen der Vortrag schöpfen will, vordringen will, also sei es gewagt über dieses Thema von den Forschungen der Geisteswissenschaft aus einiges mitzuteilen, denn das, was die Mitteilungen stützt, ihnen als Beweis dienen kann, habe ich hier in anderen Vorträgen schon gesagt. Nur einiges zum Uebergang.

Geisteswissenschaft ist anders, als gewöhnliche Wissenschaft, obgleich sie sozusagen Fortsetzung der gewöhnlichen Wissenschaft ist. Sie stützt sich auf ein Erkenntnisvermögen, das erst erreicht wird, wenn gewisse schlummernde Kräfte in der menschlichen Natur geweckt werden, die zum Seelenleben gehören, aber in unbewussten Tiefen schlummern, erst durch Meditation und Konzentration heraufgeholt werden, sodass die Seele so erstarkt, dass sie mit dem Worte einen Sinn verbinden kann: "Ich erlebe mich als Seele ausserhalb des Leibes. Ich erfühle mich als geistiges Wesen, so, dass ich auf den Leib hinblicke wie auf etwas Fremdes." Durch diese geistige Chemie sondert sich das geistige Leben ab, wenn es durch diese Uebungen von Meditation und Konzentration vorbereitet wird. Dadurch entdeckt der Mensch, dass in ihm ein Wesen lebt, das sich gewöhnlich der Sinne als Werkzeug bedient, sich aber aus dem Leibe herausheben kann und dann um sich nicht die Welt hat, die wahrgenommen wird durch die Sinne, sondern eine Welt von geistigen Wesen und Vorgängen. Der Moment ist bedeutungs-

dahin, dass man früher schon heruntergeht. Dadurch entstehen die Erdenleben, die nicht voll wieder aufnehmen das, was wir uns früher erworben haben, die Leben, die einen Niedergang darstellen. Es stellt sich dann heraus, dass, wenn der Mensch zur Erde herabgehen muss und die Gedanken sind noch fern; wenn er sogar nocheinmal und nocheinmal heruntergeht, bevor er zu dem Zeitpunkt gekommen ist, wo er mit seinen errungenen Lebenserfahrungen zusammentrifft, dass er doch noch einmal ankommt bei den Gedanken, sich wieder ausgleichen muss mit dem, was er gleichsam vorzeitig durchgemacht.

Hier zeigt sich, wie aufklärend die Ergebnisse der Geistesforschung sind. Der Geistesforscher entwickelt auf eine naturgemässe Weise eine Innigkeit für alles, was auf Erden lebt und leidet und sich freut. Er entwickelt für jede Seele Verständnis. Nehmen wir an, man steht einer Verbrecherseele gegenüber (notwendige Bestrafung muss ja sein), man kann aber mit tiefem Mitleid einer Verbrecherseele gegenüberstehen. Es entsteht der Trieb, sich Aufklärung zu schaffen, wie diese Seele sich so verkörperte. Man entdeckt: das ist eine besondere geistige Frühgeburt. Sie ist veranlasst, viel früher herabzusteigen, als sie die Gedanken auf ihrem Weg getroffen. Solche Seelen haben die Tendenz sich in diesem Zeitpunkt zu verkörpern, aber indem sie sich nicht verkörpern können in dem Zeitpunkt, wo sie mit ihren Gedanken zusammentreffen, tragen sie trotzdem die Tendenz ins Erdenleben zu gehen in sich, tragen in sich, dadurch, dass sie nicht angekommen, wo sie hinsollten, eine Missachtung des Lebens im Unterbewusstsein. Es wird einem eine solche Seele erklärlich. Ich habe versucht, bis in die Verbrechersprache zu verfolgen die Eigentümlichkeit der Verbrecherseele. Es gibt ja schon Wörterbücher dieser Sprache. Die Verbrechersprache zeigt einen Charakter, der zusammenhängt mit dessen un-

s. Textvergleich S. 72, rechts

bewussten Seelentendenzen. Man prüfe nur diese Sprache. Es drückt sich darin aus - man möchte sagen - eine gewisse Verachtung des Lebens.

Verfolgt man diese Zusammenhänge, sieht man, dass ein richtiges sich drin fühlen in der Verkörperung nur hat der Mensch, der sich im richtigen Augenblick verkörperte, der andere fühlt sich nicht harmonisch drin. Diese Seelen haben einen besonders starken Selbsterhaltungstrieb, in ihren unterbewussten Tiefen ist Lebensverachtung. Das Zusammenwirken dieser Verachtung mit dem Selbsterhaltungstrieb gibt die verbrecherischen Naturen.

Mancherlei erlebt man an Einzelheiten der Wiederverkörperungen, wenn man so betrachtet das, was die Seele erkunden kann mit der richtigen geisteswissenschaftlichen Methode. Was ich erzähle, sind einzelne Fälle. Wenn ein Mensch durch ein Unglück vorzeitig stirbt, verlässt er einen Leib, den er nicht schon hätte verlassen brauchen. Er kommt in die geistige Welt so, dass sie ihm in ganz anderer Art entgegentritt. Er schaut sie durch den Schleier der Kräfte, die noch hätten im Leibe wirken können. Dadurch entwickeln sich stärkere Kräfte, als wenn sie sich ohne diesen Schleier hätten entwickeln können. Man lernt als Geistesforscher Menschen kennen, die so stark geworden sind, die Kräfte haben, durch die sie mehr als andere ihren Leib beherrschen können, über das, was Ermüdung ist, hinausgehen. Sie sind durch ein Unglück gegangen, - so findet man - durch frühen Tod, haben sich bewahrt etwas, was ihnen viel Kraft gegeben hat.

Die Welten sind voneinander geschieden. Wir müssen sagen, es ist unmöglich, wäre Unsinn zu sagen, dass ein Leben früher geendet werden soll, um starke Kräfte zu bekommen. Diese Kräfte können ja schlechte sein oder auch gute. Wir müssen die Möglichkeiten dieses Lebens ausleben, soll das

der Pflanze. Dass sich in der Seele ein Kern entwickelt, der durch geistige Welten geht, der da ist, wird bald klar, wenn man mit Geistesforschung bekannt wird, aber die Sorge kann man noch haben: Ja, der Pflanzenkeim kann aber gegessen werden, kann verderben. Es kann die Möglichkeit da sein, Neues zu werden; kann es aber auch nicht werden. Das ist nur in der physischen Welt der Fall, in der geistigen Welt nicht. Da ergibt sich für die Geistesforschung nichts, was den Seelenkern abhalten könnte, nach den in ihn im Leben zwischen Tod und neuer Geburt eingesenkten Kräften wieder in einem neuen Leben zu erscheinen.

So wird erst klar das Leben im Leibe, wenn man es so betrachtet, dass es die Folge ist des Lebens ausser dem Leibe und wieder der Keimesgrund für ein neues Leben auf der Erde. Man kann sehr gut wissen, dass in unserer Gegenwart überall feindliche Stimmen gegen solche Ergebnisse, die mit aller Vorsicht der Geistesforschung gewonnen sind, erhoben werden müssen. Es weicht das sehr ab von den Denkgewohnheiten der Zeit. Aber auch bei dem Herankommen der kopernikanischen Weltanschauung musste der Mensch umlernen, etwas anderes anschauen lernen. Die Menschen gewöhnen sich nur allmählig in neue Denkgewohnheiten. Für den Geistesforscher ist in den Tiefen der Seelen schon die Sehnsucht zu schauen nach Erkenntnis dessen, was ausserhalb von Geburt und Tod die Seelen streben, ohne es zu wissen, danach, diesen "geistigen Kopernikus" zu erreichen.

Derjenige, der sich darauf einlassen muss, weil ihn sein Schicksal dazu bestimmt, über diese Dinge zu sprechen, muss sich eben durchaus verlassen darauf, was sich doch immer als das Richtige im Laufe der Menschheitsentwicklung ergeben hat. Rückschrittliche Geister konnten auch damals oft nicht mit. Kopernikus war lang verpönt, aber man hat an ihm gesehen, wie die Wahrheit ihren Weg findet und müsste sie sich durch die dünnsten Spalten hindurchzwängen. Darauf verlässt sich der

s. Textvergleich S. 74, rechts

Geistesforscher. Wie Kopernikus, Giordano Bruno sich einlebten, deren Blick in den unendlichen Weltenraum führt, so wird sich geistige Anschauung einleben, die zeigt, dass das geistige Firmament, das zwischen Geburt und Tod liegt, nur durch die menschliche Erkenntnis gemacht wird, und dass der Blick in eine zeitliche Unendlichkeit sich erweitern wird. Solches möchte man als einen innerlich erkraftenden Trost charakterisieren, gegenüber den Stimmen, die begreiflicherweise heute noch gegen Geistesforschung sprechen, besonders von der Séite, die fest auf dem Boden der Wissenschaft zu stehen meint. Der Geistesforscher erkennt die Triumphe der Wissenschaft, sieht ihre Notwendigkeit ein. Wenn von religiöser Seite,aus einem gewissen Triebe, das geistige Gebiet dem Glauben zu erhalten, Einwände gemacht werden, möchte man sagen: Als Kopernikus mit der neuen Weltanschauung kam, sagten viele: "Das kann man nicht glauben, das steht nicht in der Bibel!" Sie glaubten die Religion gefährdet. Die Zeit ging darüber hinweg. Religion fand sich ab mit Kopernikus. Religion kann nicht gefährdet werden dadurch, dass neue Wahrheiten gefunden werden. Wie schwachmütig muss eine Gottesvorstellung sein, die sich nicht traut an das Gebiet, das der menschlichen Forschung erschlossen bleibt. Nehmen wir an: Columbus hätte Amerika entdecken wollen und andere hätten ihn abhalten wollen zu fahren, denn man könne nicht wissen, ob die Sonne auch dort scheine. Auf derselben Höhe stehend nimmt sich der Glaube aus, der sagt, es könne religiöses Empfinden und Gottesglaube gefährdet werden dadurch, dass neue geistige Gebiete der Seele erschlossen werden. Wie man weiss, dass die Sonne auch dort im neuen Land scheinen wird, so weiss der Geistesforscher: welche Welten der Seele und des Geistes jemals erschlossen werden: Deine Gottesvorstellung ist eine starke innere Sonne, die in alles das hineingetragen werden kann. Da kann das religiöse Empfinden nicht gefährdet werden. Jemand erwiderte mir darauf: "Ja, aber

Textvergleiche

Handschrift J. Haase (s. S. 54-55; 59-60 – eingerahmt)	Maschinengeschr. Klartextnachschrift (s. S. 68-69; 70-71 – eingerahmt)
(S. 54) Nehmen wir an,	(S. 68) Nehmen wir an,
er steht einer Verbrecherseele gegenüber,	man steht einer Verbrecherseele gegenüber – (notwendige Bestrafung muss ja sein), man kann aber
in seinem tiefen Mitleid	mit tiefem Mitleid
mit ihr erkennt er, wie sie sich eigentümlich so darlebt, daß sie die ihr von der Ferne zuströmenden Gedanken nicht recht erwarten will, sondern, in ihrem	einer Verbrecherseele gegenüberstehen. Es entsteht der Trieb, sich Aufklärung zu schaffen, wie diese Seele sich so verkörperte. Man entdeckt: das ist eine besondere *geistige Frühgeburt.* Sie ist veranlasst, viel früher herabzusteigen, als [sie] die Gedanken auf ihrem Weg getroffen. Solche Seelen haben die
Trieb	Tendenz
sich zu verkörpern,	sich in diesem Zeitpunkt zu verkörpern,
zu einer geistigen Frühgeburt	aber indem sie sich nicht verkörpern
kommt und	können in dem Zeitpunkt, wo sie mit ihren Gedanken zusammentreffen, tragen sie
trotz dieses zum physischen Leben	trotzdem die Tendenz ins Erdenleben
drängenden Triebes	zu gehen in sich,
tragen, diese [Menschen] im Erdenleben	tragen in sich, dadurch, dass sie nicht angekommen, wo sie hinsollten,
eine (S. 55) gewisse Mißachtung des Lebens in ihrem Unterbewußtsein.	eine Missachtung des Lebens im Unterbewusstsein.
Daraus ist es auch erklärlich,	Es wird einem eine solche Seele erklärlich.
daß sich in der	Ich habe versucht, bis in die Verbrechersprache zu verfolgen
eigentümlichen Verbrechersphäre	die Eigentümlichkeit der Verbrecherseele. Es gibt ja schon Wörterbücher dieser

Handschrift J. Haase (s. S. 54-55; 59-60 – eingerahmt)	Maschinengeschr. Klartextnachschrift (s. S. 68-69; 70-71 – eingerahmt)
	Sprache. Die Verbrechersprache
Charaktere zeigen,	zeigt einen Charakter,
die im Zusammenhang stehen mit	der zusammenhängt mit
unterbewußten Seelentendenzen,	dessen un(S. 69)bewussten Seelentendenzen.
	Man prüfe nur diese Sprache. Es drückt
	sich darin aus – man möchte sagen –
die auf eine Verachtung des Lebens	eine gewisse Verachtung des Lebens.
hinauslaufen.	¶Verfolgt man diese Zusammenhänge,
	sieht man, dass
Ein richtiges, harmonisches Sichfühlen	ein richtiges sich drin fühlen
in der irdischen Verkörperung	in der Verkörperung
hat nur *der* Mensch,	nur hat der Mensch,
dessen Seele sich	der sich
mit seinen gefernten Gedanken	
in dem richtigen Zeitpunkt	im richtigen Augenblick
zusammenfindet; das ist wie gesagt bei	verkörperte, der andere fühlt sich nicht
der Verbrecherseele nicht erfolgt, bei deren	harmonisch drin. Diese Seelen haben
physischen Leben, trotz des oberbewußten	einen besonders starken
Selbsterhaltungstriebes,	*Selbsterhaltungstrieb,*
im Unterbewußtsein	in ihren unterbewussten Tiefen
eine starke Lebensverachtung waltet.	ist Lebensverachtung.
	Das Zusammenwirken dieser Verachtung
	mit dem
	Selbsterhaltungstrieb
	gibt die verbrecherischen Naturen.
¶Es treten nun über Einzelheiten	¶Mancherlei erlebt man an Einzelheiten
der Wiederverkörperung	der Wiederverkörperungen,
leicht Fragen auf, so z.B. diese:	wenn man so betrachtet das, was die Seele
Wie ist es bei frühzeitigem Tode in	erkunden kann mit der richtigen geistes-
	wissenschaftlichen Methode. Was ich
	erzähle, sind
konkreten einzelnen Fällen …	einzelne Fälle.

Handschrift J. Haase (s. S. 54-55; 59-60 – eingerahmt)	Maschinengeschr. Klartextnachschrift (s. S. 68-69; 70-71 – eingerahmt)
(S. 59) Freundliche und	(S. 70) Man kann sehr gut wissen,
	dass in unserer Gegenwart überall
feindliche Stimmen	feindliche Stimmen
werden über das heute Gesagte und	gegen solche Ergebnisse, die mit aller
[werden] sich in verschiedener	Vorsicht der Geistesforschung gewonnen
Richtung äußern,	sind, erhoben werden müssen.
je nach den	Es weicht das sehr ab von den
herrschenden Denkgewohnheiten,	Denkgewohnheiten der Zeit.
	Aber auch bei dem Herankommen
das aber lässt sich nicht vermeiden,	der kopernikanischen Weltanschauung
ebenso wie bei den Vorstellungen,	musste der Mensch umlernen,
die man auch ändern musste,	etwas anderes anschauen lernen.
als Kopernikus auftrat und den damaligen	Die Menschen gewöhnen sich
Menschen sozusagen	nur allmählich in
die Erde unter den Füßen weggezogen	
wurde, indem (S. 60) er lehrte,	
die Erde bewege sich	
mit rasender Geschwindigkeit	
durch den Weltenraum, aber ihr gegenüber	
stehe gewissermaßen die Sonne still,	
ganz entgegen der	
früheren Denkgewohnheit.	neue Denkgewohnheiten.
Für den Geistesforscher	Für den Geistesforscher
ist es möglich zu schauen, was	ist in den Tiefen der Seelen schon
die menschliche Sehnsucht	die Sehnsucht
erfahren möchte,	zu schauen nach Erkenntnis dessen,
wie es außerhalb	was ausserhalb
des Erdenlebens	von Geburt und Tod
vor sich geht u. wie	die Seelen streben, ohne es zu wissen, danach,
dieser geistige Kopernikanismus	diesen «geistigen Kopernikus»
zu erreichen ist.	zu erreichen.
Die Naturwissenschaft wollte	¶Derjenige, der sich darauf einlassen muss,

Handschrift J. Haase (s. S. 54-55; 59-60 – eingerahmt)	Maschinengeschr. Klartextnachschrift (s. S. 68-69; 70-71 – eingerahmt)
zu den Zeiten des Kopernikus in	weil ihn sein Schicksal dazu bestimmt, über diese Dinge zu sprechen, muss sich eben durchaus verlassen darauf, was sich doch immer als das Richtige im Laufe der Menschheitsentwicklung ergeben hat.
rückschrittlicher Weise	Rückschrittliche Geister
in dessen Anschauungen sich nicht	konnten auch damals oft nicht mit.
vertiefen, dessen Werke	Kopernikus war
waren lange Zeit auch	lang
von der Kirche verpönt, aber	verpönt, aber
die Wahrheit [dringt] doch	man hat an ihm gesehen, wie die Wahrheit ihren Weg findet und müsste sie sich
durch die dünnsten Spalten.	durch die dünnsten Spalten hindurchzwängen. Darauf verlässt sich der (S. 71) Geistesforscher.
Und wie des Kopernikus	Wie Kopernikus,
und des Giordano Bruno	Giordano Bruno
…	…

Zu dieser Ausgabe

Dieser öffentliche Vortrag wird hier als Erstdruck herausgegeben. Zugrunde liegt die Klartextnachschrift in Sütterlin von Joseph Haase, auf den Seiten 35-65 vollständig als Faksimile wiedergegeben. Die Nachschrift enthält den Vermerk: «Nach eigener Niederschrift. München, 18.4.14. Haase.» (s. S. 65).

Eine weitere Klartextnachschrift – in Maschinenschrift (s. S. 67-71) – ist eine redaktionelle Bearbeitung der Handschrift von Haase. Dies schlägt sich auch in der Zahl der Wörter nieder: Haase enthält 4086 Wörter, die maschinengeschriebene Nachschrift 5070. Textvergleiche (s. S. 72-75) geben dem Leser die Möglichkeit, sich ein eigenes Urteil über die beiden Fassungen und über ihre Beziehung zueinander zu bilden.

Für die Fragenbeantwortung (s. S. 26-33) liegt nur eine maschinengeschriebene Klartextnachschrift vor. Sie wird wortgetreu abgedruckt. Die erste Seite findet der Leser faksimiliert auf S. 66.

Alle zu diesem Vortrag vorliegenden Unterlagen können auch auf der Webseite des Archiati Verlages eingesehen werden.

Der Vortrag war angekündigt mit dem Titel: «Vom Tode» (s. auch: Hans Schmidt, *Das Vortragswerk Rudolf Steiners,* 1978, S. 211).

Die Vorträge von Rudolf Steiner

Rudolf Steiner hat vor den unterschiedlichsten Menschengruppen einige tausend Vorträge gehalten, davon viele öffentlich. Um möglichst genau zu erfahren, was Rudolf Steiner gesagt hat, ist eine gewissenhafte Prüfung der überlieferten Unterlagen und eine Vertrautheit mit Steiners Denk- und Sprechweise erforderlich.

Bis 1915/16 haben verschiedene Zuhörer die Vorträge stenografiert. Mit der Redaktion hat Marie Steiner in der Regel Walter Vegelahn beauftragt. Vegelahn hat die Klartextnachschriften sehr stark erweitert. Seine Redaktion liegt zahlreichen Bänden der Rudolf Steiner Gesamtausgabe zugrunde. Der Archiati Verlag geht demgegenüber auf die ursprünglichen Klartextnachschriften zurück, soweit diese ihm vorliegen.

Ab 1915/1916 wurde eine Berufsstenografin, Helene Finckh, mit dem Stenografieren beauftragt. Ihre Stenogramme gelten als dem von Rudolf Steiner gesprochenen Wort treu und ihre Übertragung wiederum als dem Stenogramm entsprechend. Um dieses Letzte zu prüfen, wäre ein Vergleich der Klartextnachschriften mit den Stenogrammen nötig. Diese besitzt die Rudolf Steiner Nachlassverwaltung, die einen Vergleich mit den Stenogrammen Außenstehenden nicht gestattet. Wir hoffen auf einen Sinneswandel der Verantwortlichen, wodurch im Internet allen Menschen der Zugang zu den Stenogrammen ermöglicht wird.

Der Archiati Verlag ist bestrebt, wissenschaftliche Genauigkeit mit allgemeiner Zugänglichkeit zu verbinden. Ein Beispiel dafür ist die Handhabung von Wörtern, die heute ungebräuchlich sind oder eine andere Bedeutung angenommen haben. Ersetzungen werden mit einem hochgestellten kleinen Kreis (°) kenntlich gemacht – z. B. Frau° für Weib. Am Ende des Textes findet der Leser die Liste der ersetzten Worte. Fremd- oder schwer verständliche Wörter werden zuweilen auch in Klammern «übersetzt» – z. B. Parenthese (Klammer).

Als Rudolf Steiner die Theosophische Gesellschaft verlassen musste, gab er die Anweisung, dass in seinen Vorträgen «Theosophie» und «theosophisch» durch «Anthroposophie» und «anthroposophisch» ersetzt werden. Geisteswissenschaft war für ihn vor allem Leben, und um dem Leben zu dienen, muss man in Bezug auf die Terminologie beweglich bleiben. Immer wieder betonte er, dass die Terminologie reines Mittel zum Zweck ist.

Mensch- und Erdentwicklung

7 planetarische Zustände der Erde	1. Saturn-, 2. Sonnen-, 3. Mond-Erde, 4. Erde (jetziger Planet), 5. Jupiter-, 6. Venus-, 7. Vulkan-Erde
7 geologische Epochen der jetzigen Erde	1. Polarische, 2. hyperboräische, 3. lemurische, 4. atlantische Erdepoche 5. nachatlantische (die jetzige), 6., 7. Erdepoche
7 Kulturperioden der «nach-atlantischen» Zeit (je 2160 J.)	1. Indische, 2. persische, 3. ägypt.-chaldäische, 4. griech.-römische Kulturper. (747 v.–1413 n.Chr.); 5. unsere Kulturper. (1413–3573 n.Chr.), 6., 7. Kulturper.

Das Wesen des Menschen

3 Körper-Hüllen:	1. Physischer Körper, 2. Ätherleib, Bildekräfteleib, 3. Astralleib
3 Seelen-Kräfte:	1. Empfindungsseele, 2. Gemüts- oder Verstandesseele, 3. Bewusstseinsseele
3 Geistes-Glieder:	1. Geistselbst (höheres Ich), 2. Lebensgeist, 3. Geistesmensch
Aus 9 wird 7:	1. Physischer Leib, 2. Ätherleib, 3. Astralleib, 4. Ich, 5. Geistselbst, 6. Lebensgeist, 7. Geistesmensch

Dreiheit in Mensch und Welt

Geistige Wesen:	Luzifer	Christus	Ahriman
Evangelium:	Diabolos	Streben nach Gleich-gewicht	Satanas
Geistig:	Spiritualismus		Materialismus
Seelisch:	Schwärmerei		Pedanterie
Physisch:	Entzündung		Sklerose
Moralisch:	hemmend	fördernd	hemmend

Naturelemente

Ätherwelt:	Wärmeäther	Lichtäther	Ton-/Zahlenäther	Lebensäther
Phys. Welt:	Wärme	Luft	Wasser	Erde
Unternatur:	Schwerkraft	Elektrizität	Magnetismus	Atomkraft
Naturgeister:	Salamander	Sylphen	Undinen	Gnome

Stufen der Einweihung

1. Imagination:	Bilder sehen – in der Akasha-Chronik (Ätherwelt)
2. Inspiration:	Worte hören – in der Seelenwelt (Astralwelt)
3. Intuition:	Wesen erkennen – in der geistigen Welt (Devachan)

Rudolf Steiner (1861-1925) hat die moderne Naturwissenschaft durch eine umfassende Wissenschaft des Übersinnlich-Geistigen ergänzt. Seine «Anthroposophie» ist in der heutigen Kultur eine einzigartige Herausforderung zur Überwindung des Materialismus, dieser leidvollen Sackgasse der Menschheitsentwicklung.

Steiners Geisteswissenschaft ist keine bloße Theorie. Ihre Fruchtbarkeit zeigt sie vor allem in der Erneuerung verschiedener Bereiche des Lebens: der Erziehung, der Medizin, der Kunst, der Religion, der Landwirtschaft, bis hin zu einer gesunden Dreigliederung des ganzen sozialen Organismus, in der Kultur, Rechtsleben und Wirtschaft genügend voneinander unabhängig gestaltet werden und sich dadurch gesund entfalten können.

Von der etablierten Kultur ist Rudolf Steiner bis heute im Wesentlichen ignoriert worden. Dies vielleicht deshalb, weil viele Menschen vor der Wahl zwischen Macht und Menschlichkeit, zwischen Geld und Geist, zurückschrecken. In dieser Wahl liegt jene innere Erfahrung der Freiheit, die vor zweitausend Jahren allen Menschen möglich gemacht wurde und die zu einer zunehmenden Scheidung der Geister in der Menschheit führt.

Die Geisteswissenschaft Rudolf Steiners kann weder ein elitäres noch ein Massenphänomen sein: Einerseits kann nur der einzelne Mensch in seiner Freiheit dazu Stellung nehmen und sie ergreifen, andrerseits kann dieser Einzelne in allen Schichten der Gesellschaft und in allen Völkern und Religionen der Menschheit seine Wurzeln haben.